Der Friedhof Riensberg

Zu jeder Tages- und Jahreszeit ergeben sich neue Perspektiven: hier der mit Seerosen bedeckte See im Hochsommer

Gerda Engelbracht • Andrea Hauser

Der Friedhof Riensberg

Ein Handbuch von A bis Z

Mit 234 Abbildungen

Edition Falkenberg

Inhalt

Der Laute spielende Engel auf der Grabstätte von F.E. Schütte ist schon von weitem zu sehen

Vorwort

Das vorliegende Handbuch über den Friedhof Riensberg erscheint in einer Zeit grundlegender Veränderungen im Friedhofs- und Bestattungswesen. Zwar gibt es alternative Formen der Natur- und Waldbestattung schon seit Beginn dieses Jahrhunderts. Aber erst jetzt ist die Weiterentwicklung so konkret geworden wie durch die in der Freien Hansestadt Bremen geschaffenen gesetzlichen Grundlagen und Bedingungen für Beisetzungen außerhalb von Friedhöfen.

Damit verlieren die Friedhöfe im kleinsten Bundesland – andere könnten folgen – endgültig ihre Stellung als rechtlich vorgegebene, einzigartige und gemeinschaftliche Orte der Totenbestattung. Es wird sich zeigen, wie die Gesellschaft, wie Einzelne und Familien mit den neuen Möglichkeiten umgehen und welche Auswirkungen auf die Friedhöfe damit verbunden sein werden.

Diese Publikation bietet daher eine willkommene Gelegenheit, Facetten eines öffentlichen Begräbnisplatzes am Beispiel des Friedhofs Riensberg in Text und Bild mit vielen Eigenarten und Details zu präsentieren. So kann nicht nur ihre Rolle als offenes Geschichtsbuch der Stadt mit einzigartigen Architekturen dargestellt werden, das im Verlauf von Spaziergängen Seite um Seite zu lesen ist. Beson-

In weiten Teilen des F.R. stehen historische und moderne Grabstätten in enger Nachbarschaft

ders die parkartigen Elemente, wie weite Rasenflächen, Einzelbäume und Baumgruppen, Wegeverbindungen und ein See, machen den besonderen Erholungswert der Anlage aus – auch und gerade im Rahmen von Trauern, Gedenken und Erinnern.

Insgesamt werden so die Merkmale eines Friedhofs schlagwortartig aufgezeigt, der im vorletzten Jahrhundert als Muster eines Parkfriedhofs entstanden ist und als Zeugnis der Gartenkultur und der Stadtgeschichte unter Denkmalschutz steht.

Möge dieses Handbuch auch einen Beitrag dazu leisten, die Qualitäten des Friedhofs Riensberg in seinem historischen Kontext im Bewusstsein zu halten. Dabei wird es zunächst um die Erhaltung der anlagentypischen Grundzüge gehen. Andererseits rechtfertigt die Nachfrage nach neuen Grabangeboten aber auch angemessene Eingriffe in gewachsene Strukturen des Friedhofsbildes.

Als langjähriger Akteur im bremischen Friedhofswesen bin ich fest davon überzeugt, dass damit auch Chancen verbunden sind, diesen Friedhof im Wettbewerb mit anderen Bestattungsplätzen weiterzuentwickeln und das Interesse an ihm und seinen Einrichtungen wachzuhalten.

Steffen Kunkel

FRITZ DUBBERS
DUBBERS

Einführung

Mit seiner charakteristischen weiträumigen, Ruhe ausströmenden Landschaft, die durch Hügel, Täler, fließende Gewässer und stille Wasserflächen geformt ist, gilt er nach dem Kieler Südfriedhof als zweiter in Deutschland realisierter Parkfriedhof. Entsprechend der neuen Friedhofsvorstellung der Zeit heißt es dazu beim Preisträger des künstlerischen Wettbewerbs zur Realisierung des Friedhofs, dem Gartenarchitekten Carl Jancke aus Aachen: »Der Friedhof soll in uns kein Gefühl des Grauens vor dem Tode erzeugen, sondern in sinniger Verbindung mit anmuthigen Naturgegenständen uns aussöhnen mit unserem Schicksal und neue Hoffnung in uns erwecken.«

Im Mai 1875 wurde der Friedhof Riensberg eröffnet. Er blickt mittlerweile auf eine rund 140-jährige Geschichte zurück. In seinem grundlegenden Aufsatz über die Bremer Friedhöfe und ihren künstlerischen Schmuck schrieb bereits 1900 der Bremer »Malerfürst« Arthur Fitger: »Namentlich der Riensberg ist reich an künstlerischen Denkmälern, sowohl architektonischen wie bildhauerischen.« Obwohl viele der damals vorgestellten Grabstätten nicht mehr existieren, hat seine Aussage bis heute Bestand. Tatsächlich ist der etwa 30 Hektar große Friedhof Riensberg mit seinen aufwändig gestalteten Grabmalen und Mausoleen, den Gebäuden im Stil der Backsteingotik, dem ersten norddeutschen Krematorium (heute Kolumbarium) und den zahlreichen Gräbern prominenter Bremer Bürgerinnen und Bürger ein Ort der Trauer, des Innehaltens und Gedenkens, aber auch des Entdeckens zahlreicher geschichtlicher Zeugnisse. Angesichts seiner herausragenden Bedeutung als Kunst-, Kultur- und Naturdenkmal steht die Gesamtanlage seit 2011 (ohne die Erweiterung aus den 1950er Jahren) mit allen Gebäuden und etwa 80 Grabmälern unter Denkmalschutz, das Krematorium/Kolumbarium bereits seit 2000.

Dennoch gab es bisher nur wenige, zum Teil sehr spezifische Publikationen über den Friedhof Riensberg. In ihrem Buch »Riensberger Gräber erzählen« rückte Ute Domdey das Leben von Bremer Frauen in den Mittelpunkt. Thomas Schäfer widmete sich in seiner Schrift »Wer liegt wo?« Prominenten auf den drei Bremer Friedhöfen Riensberg, Walle und Osterholz und arbeitete ihre Bedeutung für die Bremer Sozial- und Kulturgeschichte heraus. In einer vom Umweltbetrieb (neu) aufgelegten Broschüre vermitteln etwa siebzig komprimierte Texte die weit über

Das am See gelegene Mausoleum der Familie Dubbers, um 1909 von den Bremer Architekten Richard Jansen und Victor Meeussen erbaut, wurde 1938 aufgelöst. Heute befindet sich hier das Grab der Familie Hauschild

Die Strahlen der Morgensonne brechen durch die Vegetation

die Grenzen der Hansestadt reichende Bedeutung der hier bestatteten »bekannten und berühmten Personen«. Angeregt durch die regelmäßige Nachfrage nach einer aktuellen und umfassenden Informationsschrift entstand der Plan zu dem nun vorliegenden Handbuch.

Da Friedhöfe, begehbaren Lesebüchern gleich, über Menschen, Stadtgeschichte, Trauer- und Bestattungskultur erzählen, enthält das Handbuch sowohl Personen- als auch Sachstichworte. Diese sind untereinander vielfach vernetzt, so dass sie zum Nachschlagen und Vertiefen anregen. Angesichts der großen Zahl bedeutender Persönlichkeiten, sowie der künstlerischen und kulturellen Relevanz der Grabmäler musste die Auswahl natürlich begrenzt werden. So werden Frauen und Männer vorgestellt, die eng mit der Geschichte der Politik, Kultur und Wirtschaft, hier insbesondere der Seefahrt und Flugzeugindustrie, verbunden waren, aber auch bisher weniger bekannte oder beachtete Bremer Persönlichkeiten. Die Sachstichworte beleuchten zunächst die künstlerische Aussagekraft der Grabdenkmäler, ihre Stile, Gestaltungen und die Symbole von Vergänglichkeit, Hoffnung und ewigem Leben. Zudem werden naturräumliche Erscheinungen, wie die Gestaltung der Wasserflächen und der Bepflanzung, die Bremer Friedhofsgeschichte, aber auch der Wandel der Bestattungskultur dargestellt.

Das Handbuch ist alphabetisch aufgebaut. Viele Personenstichworte enthalten sowohl Informationen zur Biografie als auch zur kunst- und kulturgeschichtlichen Bedeutung der Grabstätte. Die Pfeile (➢) im Text oder unterhalb verweisen auf andere Stichworte und das Zeichen (❖) benennt das Grabfeld und die Nummer der Grabstätte. Die Lage der Grabfelder sind dem Plan in den Innenklappen zu entnehmen. Die Grabnummern befinden sich in der Regel hinter den Grabstellen. Da die Nummernsteine häufig verwittert und nicht systematisch angeordnet sind, ist es leider nicht immer leicht, die gesuchte Grabstätte zu finden.

Es ist dem Umweltbetrieb Bremen, insbesondere dem Engagement des früheren Leiters der Abteilung Friedhöfe, Steffen Kunkel, zu danken, dass mit diesem Handbuch erstmals ein Überblick über die Geschichte des Friedhofs Riensberg bis in die Gegenwart vorliegt. Zahlreiche Personen und Institutionen haben uns bei den Recherchen unterstützt. Danken möchten wir insbesondere Kerstin Doty, Rolf Fülberth, Irma Gerken und Angelika Winkler vom Umweltbetrieb Bremen, Harry Schwarzwälder für seine grundlegenden unveröffentlichten historischen Forschungen zu den Friedhöfen Riensberg und Walle, dem Staatsarchiv Bremen für die Unterstützung bei der Recherche und Reproduktion von Dokumenten und Fotografien, dem Landesamt für Denkmalpflege, Bremen, insbesondere Dr. Rolf Kirsch, für zahlreiche Hinweise und Materialien und Dr. Ingrid Weibezahn für ihre Recherchen, den Museumspädagoginnen des Focke-Museums Judith Niehuis und Helmi Siebert-Reible, die unser Wissen durch interessante Führungen über den Friedhof Riensberg erweitert haben.

Unser besonderer Dank gilt Sigrid Sternebeck und Prof. Fritz Dressler ohne deren professionelle und einfühlsame Fotografien das Buch in dieser Form nicht hätte erscheinen können.

Gerda Engelbracht
Andrea Hauser

Folgende Doppelseite: Alle Zeitschichten, vom Ende des 18. Jhs. bis in die Gegenwart, finden sich in der Grabmalkunst des F.R. Im Vordergrund rechts eine Tonskulptur in Form einer hockenden Frau, die schützend ein Kind in ihren Armen hält. 1.H.20. Jh.

Abbehusen, August Adolf (* 17.10. 1875 Bremen, † 10.3.1941 ebd.), Architekt. Von 1903–19 arbeitete A. gemeinsam mit Otto ➢ Blendermann, zusammen errichteten sie u.a. die Christuskirche in Woltmershausen, das Rathaus Blumenthal, das Theater am Goetheplatz u. das Vietor-Haus in Schwachhausen.

Das ➢ Grabmal aus Obernkirchener ➢ Sandstein in Form eines kannelierten Säulenstumpfs (➢ Säule) mit ➢ Urne entwarf A. 1904 beim Tod seines Vaters August (1846–1904).
❖ Seit Auflösung des Grabes steht das Grabmal im Feld vor AA am Weg.

Abramzik, Günter (* 8.12.1926 Schönerswalde/Westpreußen, † 3.5.92 Bremen), Theologe, Prediger am Bremer Dom. Bereits als Student engagierte sich A. gegen Wiederaufrüstung u. atomare Gewalt. 1958 erfolgte seine Berufung an den Dom zu Bremen. Daneben unterrichtete er am Alten Gymnasium im Fach Philosophie. A. mischte sich in aktuelle öffentliche Diskussionen ein, insbesondere bei den 1968er Unruhen wirkte er vermittelnd u. verhinderte dadurch eine Eskalation.

Der einfache Grabstein aus Granit trägt den Spruch »Dona nobis pacem« (Gib uns Frieden).
❖ Z0275

Die Jugendstilgrabstätte Achelis nach einem Entwurf von Carl Eeg

Achelis, Friedrich »Fritz« Ludwig Tilman (* 3.3.1840 Bremen, † 20.5.1917 ebd.), Kaufmann. Seit 1877 war A. Mitglied, seit 1892 Vizepräsident des Aufsichtsrats, von 1911–17 Präsident des NDL. Zudem gehörte er den Aufsichts- u. Verwaltungsräten mehrerer Firmen an u. war Mitbegründer der Bremer Atlas-Werke u. der Norddeutschen Hütte.

Achelis, Johannes Christoph (* 24.7. 1836 Bremen, † 18.11.1913 ebd.), Kaufmann, Senator. Der Bruder von ➢ Friedrich A. war 1881 Mitbegründer der D.D.G. »Hansa«. Als Mitglied der Handelskammer, der Bürgerschaft u. als Senator hatte er großen Einfluss in der Stadt.

Die im ➢ Jugendstil von Carl ➢ Eeg erbaute Grabstätte ist als architektonische Einheit konzipiert. Sie ist umgeben von niedrigen Granitpfosten, im Wechsel mit quadratischen Ornamentteilen.
❖ W0073

Das Jugendstilgrabmal von Johann Volkmann (1842–1916), Mitbegründer der Norddeutschen Wollkämmerei und Kammspinnerei in Delmenhorst (❖Z0192)

Die Grabanlage der Familie Ahlers ist vom Uferweg über eine breite Treppe zugänglich

Adler. In der christlichen Tradition steht der majestätische Greifvogel als Symbol für die Himmelfahrt Christi u. als Symbol für Wiedergeburt. ➢ Symbole

Aedikula. In der Antike ein kleines Haus oder eine Wand mit Tempelfront zur Aufnahme einer Statue. Bei einem Grabmal bezeichnet es eine architektonische Form, bestehend aus ➢ Säulen, ➢ Pfeilern oder Pilastern u. einem Dreiecks- oder Segmentbogengiebel. Meist ist eine Nische integriert, in der eine ➢ Urne, Skulptur oder ein Bildnis untergebracht ist.

Die Flagge der D.D.G. »Hansa«

Aedikulagrab ➢ Aedikula

Aeskulapstab ➢ Symbole

Ahlers, Oltmann Johann Dietrich (* 24.10.1848 Elsfleth, † 14.7.1910 Bremen), Reeder. 1881 Mitbegründer u. Direktor der D.D.G. »Hansa« in Bremen. Sie war bis zu ihrem Konkurs 1980 eine der bedeutendsten Reedereien weltweit.

Die im ➢ Reformstil erbaute Urnengrabstätte in Form einer Tempelfront aus ➢ Muschelkalk u. Bronze steht an exponierter Stelle am Ufer des ➢ Sees. Entwurf u. Ausführung lag bei den Münchener Architekten ➢ Kurz & Herbert, die Bronzearbeiten übernahm die ebenfalls in München beheimatete kunsthandwerkliche Werkstatt Steinicken & Lohr.
❖ EE0139

Ahlers, Richard (* 21.12.1884 Bremen, † 24.12.1950 ebd.), Dr. jur.,

Rechtsanwalt. Der Rechtsberater großer Reedereien, Banken u. Wirtschaftsunternehmen beteiligte sich nach 1945 an der Gründung der CDU u. war Präsident des Kirchenausschusses der BEK (1945/46). Er engagierte sich im kulturellen Bereich u.a. als Vorsitzender des Club zu Bremen u. als Präsident der Eiswette.
❖ EE0158

Alpha u. Omega. Auch A u. O, mit denen das griechische Alphabet beginnt u. endet. In frühchristlicher Zeit ➢Symbol für die Allmacht Christi, allgemein gebräuchlich im Sinne von Anfang u. Ende des Lebens.

Anker. Im Christentum ➢Symbol der Hoffnung, im Glauben an Christus verankert zu sein. Auch Attribut des hl. Nikolaus, Schutzpatron der Seeleute.

Anonyme Bestattung. Bei einer a.B. bleibt der genaue Standort der Grabstelle den Hinterbliebenen unbekannt u. es wird kein Grabstein gesetzt. Sie ist in Bremen als Urnenbestattung möglich.

Anonymes Urnenfeld. 1974 wurde auf dem F.R. das erste a.U. in Bremen eröffnet. Den Gedenkstein aus Obernkirchener ➢Sandstein entwarf der Bremer Bildhauer Gerhard ➢Schreiter. Er symbolisiert die fallenden

Herbst

Die Blätter fallen, fallen wie von weit,
als welkten in den Himmeln ferne Gärten;
sie fallen mit verneinender Gebärde.

Und in den Nächten fällt die schwere Erde
aus allen Sternen in die Einsamkeit.

Wir alle fallen. Diese Hand da fällt.
Und sieh dir andre an: es ist in allen.

Und doch ist Einer, welcher dieses Fallen
unendlich sanft in seinen Händen hält.

Rainer Maria Rilke, 1902

Gedenkstein auf der anonymen Grabanlage von Gerhard Schreiter, im Hintergrund Urwelt-Mammutbäume

Grabstätte Barkhausen in Form einer Pyramide

Blätter des Herbstlaubes. Beisetzungen in einem a.U. sind zzt. lediglich auf den F. Aumund u. Huckelriede möglich. Die Gräber tragen keine Inschriften u. sind somit nicht namentlich gekennzeichnet. Die Urnen werden in einem engen Raster unter einer weitläufigen Rasenfläche bestattet.

Der Seenotrettungskreuzer Hermann Apelt gehörte seit 1955 zur Flotte der DGzRS

Apelt, Hermann (* 10.7.1876 Weimar, † 11.11.1960 Bremen), Dr. jur., Rechtsanwalt, Senator. Seit 1906 war A. Syndikus der Bremer Handelskammer u. seit 1917 Mitglied des Senats (Häfen u. Eisenbahnen). 1933 von den Nationalsozialisten zum Rücktritt gezwungen, berief ihn die Militärregierung gleich nach Kriegsende erneut in den Senat. Bis 1955 beteiligte sich der Freidemokrat in dieser Position am zügigen Aufbau der zerstörten Häfen u. vertrat Bremens hafenpolitische Interessen in Deutschland u. Europa. Der kulturell ambitionierte Jurist (Carl-Schurz-Gesellschaft, 27 Jahre Vorsitzender des Kunstvereins) gilt als eine der Galionsfiguren der bremischen Nachkriegspolitik mit Strahlkraft weit über Bremen hinaus.
❖ FF0276

Aschekapsel ➢ Urne

Aschestreufeld. Seit 2015 gibt es auf den F. Blumenthal (Waldfriedhof) u. Osterholz ausgewiesene Flächen, auf denen die Asche der Verstorbenen oberirdisch verstreut werden kann. ➢ Friedhofszwang

Barkhausen, Carl Georg (* 14.2. 1848 Bremen, † 5.11.1917 ebd.), Dr. jur., Rechtsanwalt, Bürgermeister. 1871 ließ sich B. in Bremen als Rechtsanwalt (seit 1877 Regierungsanwalt) nieder. Zunächst Mitglied der Bremischen Bürgerschaft u. Senator, wurde er 1903 erstmalig zum Bürgermeister gewählt. B. war am Ausbau der Unterweser, dem Zollanschluss Bremens 1888 u. der Anlage des Freihafens beteiligt. Er förderte ab 1890 den Ausbau der Bremerhavener Hafenanlagen.
Das ➢ Jugendstilgrabmal in Form einer Pyramide schuf der Architekt Carl ➢ Eeg.
❖ T0618

Barlach, Heinrich (* 24.2.1824 Flensburg, † 20.2.1914 Bremen), Friedhofsinspektor. Der ehemalige Leichenbestatter der altstädtischen Beerdigungsanstalt war Bremens erster Friedhofsinspektor nach der ➢ Kommunalisierung 1875. ➢ Friedhofspersonal

Baumgrab. Die Art der Beisetzung, bei der die ➢ Urne im Wurzelbereich eines Baumes ruht, ist bisher auf den F. Blumenthal u. Osterholz möglich. Eine Schriftplatte mit Namen u. Lebensdaten erinnert an die Verstorbenen. Weitere F. mit diesem Angebot sollen folgen.

Bautz, Carl August (* 6.8.1840 Bremen, † 31.12.1909 ebd.), Tabakkaufmann. Hauptschmuck der in kubischer Form errichteten Urnengrabstätte der Familien B. u.

Eingangstür der Familiengrabstätte Bautz u. Duckwitz

Der Elefant von Fritz Behn

➢Duckwitz ist die im ➢Jugendstil gehaltene Bronze-Eingangstür. Gestaltet wurde sie von dem Bildhauer Hans ➢Dammann u. dem Berliner Metallbildhauer Karl Fohrholz.
❖ Z0222–0231

Beerdigung ➢Bestattung. Bezeichnet die Beisetzung u. die damit in Zusammenhang stehenden Tätigkeiten. Im 19. Jh. wurde sie zu einer hoheitlichen Aufgabe, bei der die Kirche nur noch mitwirkte u. religiös unterstützte.

Begräbniskosten. Zu unterscheiden sind hier Kosten für das Grab (20–30jährige Grabnutzung, Öffnung u. Schließung) u. Kosten für die Bestattung (u.a. Sarg bzw. Urne, Grabmal etc.). Bei Eröffnung des F.R. gab es fünf Begräbnisklassen (später vier), die sich durch die Beerdigungskosten u. Anzahl der Pferde unterschieden. Elisabeth ➢Segelken erinnerte sich noch 1952: »Die stillen Totenwagen gehören wohl zum Bilde der Friedhofstraße […]. Wir kannten sie sehr gut: Vier Pferde vor dem Wagen, zwei Leichenträger mit den dreieckigen Hüten – Dreimaster genannt – zu beiden Seiten, schwarzes Tuch über die Pferde, der mit Silberornamentik verzierte Wagen – da fuhr ein reicher Mann. […] Der letzte Wagen von der so genannten vierten Klasse machte uns nur traurig, weil nur ein Pferd vor dem Wagen war und der Leichenträger nur einen Zylinder aufhatte. Dann sagten wir wohl: Möchtest du so arm sein, daß nur ein Pferd vor deinem Wagen wäre?« ➢Sozialgrab

Behn, Fritz (* 16.6.1878 Klein Grabow, † 26.1.1970 München), Bildhauer. Neben Grabmälern, Brunnenanlagen, Krieger- u. Personendenkmälern schuf B. vor allem Tierstatuen. Er gilt als einer der bedeutendsten deutschen Tierbildhauer des 20. Jh. Auch der 1932 als Reichskolonialehrendenkmal eingeweihte u. 1989 zu einem Antikolonialdenkmal umgewidmete Elefant in der Nähe des Bremer Hauptbahnhofs (Nelson-Mandela-Park) wurde nach seinem Entwurf erbaut. Behn gestaltete die Grabdenkmäler von Otto ➢Blendermann, Heinrich August ➢Gildemeister u. Alfred Walter ➢Heymel.

Behrens, Heinrich Wilhelm (* 7.9.1873 Bremen, † 16.5.1956 ebd.), Architekt. Als Berufsanfänger war B. am Umbau der Kunsthalle beteiligt. Seinen ersten großen Auftrag erhielt er 1904 mit dem Bau des ➢Krematoriums auf dem F.R. Er übernahm ebenfalls die Ausbauten in den Jahren 1914 u. 1927. 1907–35 gestaltete er in der Architektengemeinschaft B. & ➢Neumark zahlreiche Gebäude, die das Stadtbild Bremens bis heute prägen, u.a. das Karstadt-Gebäude in der Obernstraße, das ehemalige Warenhaus von Stallmann & Harder, Am Wall 175–177 u. das Bank-, Handels- u. Gewerbehaus in der Langenstraße (heute Peek & Cloppenburg).

Beisetzungszahlen. 2013 erfolgten auf den 13 ➢städtischen F. in Bremen 4.590 Bestattungen, davon 3.805 in Form von Urnenbestattungen u. 785 in Form von ➢Erdbestattungen. 15,82%, das sind 726 Bestattungen, fanden auf dem F.R. statt.

Benque, Wilhelm (* 24.2.1814 Ludwigslust, † 1.11.95 Bremen), Landschaftsgärtner, Gartenarchitekt. Er beteiligte sich an der 1848er-Revolution u. ging, politisch verfolgt, nach Amerika ins Exil. Nach seiner Rückkehr 1860 ließ er sich zunächst in Kiel nieder, bis er 1866 nach Bremen zog u. dort 20 Jahre lang den Bürgerpark gestaltete. Zeitgleich war er maßgeblich an der Umsetzung des 1869 eröffneten ersten deutschen ➢Parkfriedhofs in Kiel beteiligt. Anfang der 1880er Jahre wurde B. mit der gartenkünstlerischen Leitung der F. in Walle und Riensberg beauftragt.

Wilhelm Benque, Landschaftsgärtner und Gartenarchitekt

Bepflanzung. Bei der Neuanlage des F.R. wurden ➢Gehölze einbezogen, darunter ein großer hainartiger Bestand sehr alter Eichen

Die Stümpfe von Eichen auf dem ursprünglichen Niveau des Friedhofsgeländes

Das im Reformstil gehaltene Familiengrab Bergfeld, Ritter und Vassmer ermöglicht einen Durchblick auf den See

u. weitere alte Einzelbäume. Bis vor Kurzem existierten noch drei Eichen, die älter waren als der F.R. Stümpfe im Grabfeld Y weisen auf sie hin. Dort ist das ursprüngliche Niveau vor der Erhöhung des F. sichtbar. Weitere Pflanzungen erfolgten erst kurz vor der Eröffnung 1875. ➢Einfriedung, ➢Friedhofsanlage, ➢Thuja

Bergfeld, Georg Daniel Gottfried (* 22.12.1833 Bremen, † 23.1.1902 ebd.), Silberwarenfabrikant, Sohn von Ludwig Bergfeld, 1860 Teilhaber der Fa. ➢Koch & Bergfeld. Das ➢Familiengrab der Familien B., Ritter u. Vassmer besteht aus schmucklosem Kalkstein. Es ist dem ➢Reformstil Anfang des 20. Jh. zuzurechnen, der sich nach Ideen des Dürerbundes u. des Deutschen Werkbundes durch Symmetrie u. Proportion auszeichnen sollte. Schlanke Pfeiler mit einem aufgelegten Balken ermöglichen einen Durchblick durch die Grabstelle auf den ➢See. Seitlich anschließende Mauerstücke mit erhöhten Eckpfosten bieten Flächen für die Inschriften.
❖ AA0402/0403/04
03a/0404/0406/0407

Besch, Ursula, geb. Kähler (* 25.11. 1912 Stettin, † 14.10.81 Bremen), Vorsitzende des Pfarrfrauendienstes der EKD. Seit Ende der 1950er Jahre baute B., Frau des Pastors an der Liebfrauengemeinde und Schriftführers der BEK Günter B. (1904–99), eine florierende Pfarr-

Ursula Besch in Amsterdam 1973

frauenarbeit auf u. trug damit wesentlich zum Umbruch des Pfarrfrauenbildes bei. 1967 wurde sie zur Vorsitzenden des Leitungskreises des Pfarrfrauendienstes der EKD gewählt. Sie vernetzte die Pfarrfrauenarbeit im norddeutschen Raum u. baute in Bremen die ev. Frauenarbeit auf, deren Vorsitzende sie bis 1978 war.
❖ X0005

Bestattung. Übergabe der sterblichen Überreste eines Verstorbenen an einen festgelegten Ort. Fester Bestandteil einer B. sind Trauerrituale mit religiösem oder weltlichem Hintergrund, bei denen der Abschied vom Verstorbenen im Mittelpunkt steht. Synonym gebrauchte Begriffe, wie Beisetzung, ➢Beerdigung oder Begräbnis bezeichnen im eigentlichen Wortsinn das Verbringen von ➢Sarg u. ➢Urne in die Erde.

Bestattungsarten. Hier wird zunächst nach ➢Erd- u. ➢Feuerbestattungen unterschieden. Wäh-

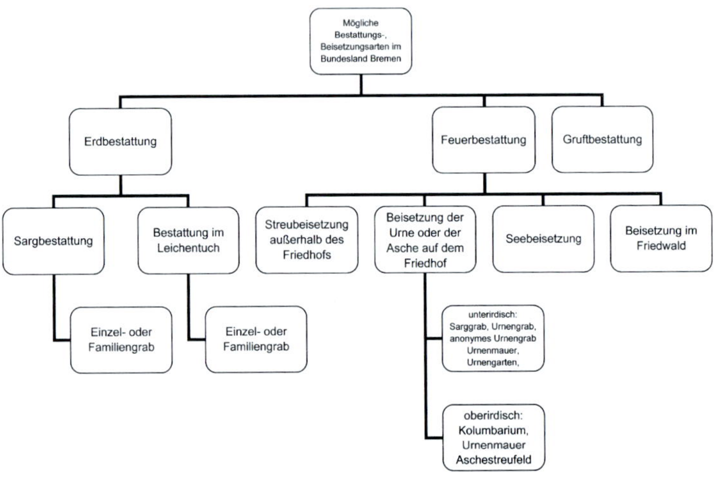

Auf dem F.R. sind Erd-, Urnen- und anonyme Bestattungen möglich. Hier ein Familiengrab in Erdbestattung

rend bei der Erdbestattung der Verstorbene in einem ➢Sarg, bei entsprechender religiöser Motivation auch in einem Leichentuch, bestattet wird, gibt es für die Beisetzung der Asche eines Verstorben verschiedene Möglichkeiten (s. Diagramm).

Bestattungsgewerbe. Erst mit der Gewerbefreiheit 1869 entwickelte sich ein eigenständiges B., das alle Besorgungen u. Verrichtungen anlässlich einer Beerdigung aus einer Hand anbot. Es rekrutierte sich aus Berufen, die Teilleistungen der Bestattung erbrachten wie Tischler, Fuhrunternehmer usw. Gleichzeitig entwickelten sich Sargmagazine u. Fabriken für Trauerwaren. 1909 wurde der Reichsverband der Bestattungsunternehmer zur Vertretung der gewerblichen Interessen gegründet.

Bestattungsrecht. Das Friedhofs- u. Bestattungswesen ist eine Selbstverwaltungsangelegenheit der Stadtgemeinden Bremen u. Bremerhaven. Es wird geregelt durch das Gesetz über das Friedhofs- u. Bestattungswesen. Dieses regelt die Trägerschaft u. Auflösung der F., den ➢Friedhofszwang, die ➢Bestattungsarten, die Ruhefristen, die Beschaffenheit der ➢Särge u. ➢Urnen. Aus ihm resultiert die ➢Friedhofsordnung.

Beyer, Carl Christian (* 19.5.1824 Bremen, † 19.10.1904 ebd.), Kauf-

mann. Seit 1879 Friedhofsinspektor u. Nachfolger von ➢Barlach. Bis zu seiner Amtsaufgabe 1902 unterhielt er die Friedhofsverwaltung in seinem Geschäftssitz in der Langenstr. 21.
➢Kommunalisierung ➢Friedhofspersonal

Biermann, Friedrich (* 9.1.1872 Bremen, † 16.5.1923 ebd.), Kaufmann, Senator, Mitglied der Bürgerschaft. Seit 1906 alleiniger Leiter der Fa. Leopold Engelhardt & B. Sein gleichnamiger Vater (1837–1904) hatte 1863 die bedeutende deutsche Zigarrenfabrik gegründet. B. war Vorsitzender des Deutschen Tabak-Vereins u. führte die Verhandlungen mit Oldenburg um die Unterweservertiefung 1903–13.
❖ EE0341

Blendermann, Otto (* 17.9.1879 Bremen, † 4.11.1944 ebd.), Architekt. Von 1903–19 arbeitete er gemeinsam mit August Adolf ➢Abbehusen. Bekannte Bauten, die B. nach dieser Zeit realisierte, sind der Umbau der Bremer Baumwollbörse (1921–24), der Bau des Herrenhauses Hohehorst für Georg Carl Lahusen, den Besitzer der Nordwolle, u. das 1932 eingeweihte 10 m hohe Reichskolonialehrendenkmal in Form eines Elefanten nach dem Entwurf von Fritz ➢Behn.
❖ V0173

Bock, Arthur (* 12.5.1875 Leipzig, † 26.10.1957 Ettlingen), Prof., Bildhauer. Der in Hamburg lehrende Künstler u. Kunstprofessor schuf ein umfangreiches Werk von Plastiken, Grab- u. Denkmälern. Über 50 Arbeiten sind auf dem F. Ohlsdorf erhalten. Auf dem F.R. ist eine Plastik von B. am Mausoleum ➢Rutenberg zu sehen.

Bockelmann, Johann Hinrich (* 30.5. 1838 Vegesack/Bremen, † 22.3.1909 Bremen), Kapitän. B., der sich vom Schiffsjungen zum Kapitän hocharbeitete, transportierte vor allem Petroleum, aber zwischen 1872 u. 97 auch Auswanderer mit Dampf-Segelschiffen in die Neue Welt. Bekannt wurde B. durch die Biografie seines Urenkels, des Komponisten, Pianisten u. Sängers Udo Jürgens (bürgerlich: Udo Jürgen Bockelmann 1934–2014). In »Der Mann mit dem Fagott« (München 2004) berichtete dieser über den Urgroßvater, der u.a. die Route Bremen–New York als Kapitän des Passagierschiffs Henriette befuhr.
❖ Z0321/0324

Bollmann, Carl (* 17.9.1848 Bremen, † 4.9.99 ebd.), Architekt. Zunächst bei Heinrich ➢Müller, dann bei Johann Georg ➢Poppe angestellt, entwarf B. u.a. das Waldschlösschen im Bürgerpark, das 1976 in Waldbühne umbenannt wurde. Es ist das letzte noch

Rechts: Neoklassizistisches Grabmal der Familie Bollmann von 1899

CARL BOLLMANN
ELISE BOLLMANN
GEB. BODENBURG
MARIE BOLLMANN
GEB. KÖHR
* 8. DEZ. 1883 † 25. JUNI 1973
HEINRICH
KRÜGER
1862 – 1940
KÄTHE
KRÜGER
GEB. BOLLMANN
1879 – 1970

Heinrich Bömers, um 1916

erhaltene Gebäude der Nordwestdeutschen Gewerbe- u. Industrieausstellung von 1890, wo es der Bremer Zigarrenfirma Engelhardt & ➢Biermann als hölzerner Ausstellungspavillon diente.
❖ AA0203

Bömers, Heinrich Ferdinand Emil (* 2.11.1864 Bremen, † 1.4. 1932 ebd.), Kaufmann, Senator. Der 23-jährige Weinkaufmann übernahm nach dem Tod seines Vaters die Leitung der Weinhandlung Reidemeister & Ulrichs. Das 1831 gegründete Weinhaus entwickelte sich nachfolgend zu einem der führenden Weinimporthäuser in Deutschland. B. hatte zudem zahlreiche politische Ämter inne. Er war Mitglied der Bürgerschaft (1897), Mitglied der Handelskammer (1905) u. Senator (1909–31). 1903 zählte B. zu den Gründern des Verkehrsvereins der Freien Hansestadt Bremen e.V.
❖ E0142/0159/0160

Borchers, Heinz (* 4.5.1898 Bremen, † 11.4.1972 ebd.), Maler, Innenarchitekt, Kunsthandwerker. B. entwarf um 1950 neue Fenster für die ➢Friedhofskapelle auf dem F.R. Die Ausführung lag bei Heinz ➢Lilienthal. Nach dem Besuch der Bremer Kunstgewerbeschule (heute Hochschule für Künste) studierte B. am Bauhaus in Weimar, wo ihn vor allem Lyonel Feininger (1871–1956) stilistisch prägte. Nach dem 2. WK trat er als Maler von Landschaften u. surrealistisch-fantastischen Bildern hervor u. übernahm die Innenraumgestaltung zahlreicher Bremer Gebäude.

Breitstein, auch Pultstein. Ist von den Ausmaßen her mehr breit als hoch. Nach dem 2. WK häufig poliert u. wird seit den 1960er Jahren auch in asymmetrischen Formen verwendet. ➢Grabmalformen

Brickenstein, Cecilie (* 10.12.1886 Bremen, † 19.11.1979 ebd.), Diakonisse, Politikerin. B. war seit 1916 im Bundesvorstand des dt.-ev. Frauenbundes aktiv, gab die Verbandszeitschrift heraus u. hielt Vorträge in ganz Deutschland. 1919 trat sie in die DNVP ein u. war Vorsitzende der Frauengruppe in Bremen. 1938 ging sie als Obe-

rin in das Diakonissenmutterhaus Hermannswerder bei Potsdam, wo sie sich erfolgreich gegen die Einflussnahme der NSDAP wehrte.
❖ Z0558/0559

Brücken. Die Wasserläufe auf dem F.R. werden von insgesamt sechs Brücken überspannt. ➢Mariannenbrücke

Bruns, Johann Heinrich (* 9.4. 1868 Bremen, † 27.1.1914 ebd.), Ingenieur, Inhaber einer Firma für Zentralheizungen u. Lüftungsanlagen. Das Grabmal, wahrscheinlich von B. selbst entworfen, ist in Form einer Pyramide gestaltet, um die sich eine in den Schwanz beißende Schlange windet. Dieses ➢Symbol der ewigen Wiederkehr war im ➢Klassizismus sehr beliebt (s. Abb. S. 170/171).
❖ Z0355–0358

Eine von sechs Brücken auf dem F.R.

Buff, Clemens (* 20.11.1853 Bremen, † 23.2.1940 ebd.), Dr. jur., Bürgermeister. Der vielseitig politisch und kulturell aktive B. war Vorsitzender des Gewerbe- u. Industrievereins, Mitglied der Bürgerschaft (1892–95), Senator (1895–1919), Bürgermeister u. Präsident des Senats (1915 u. 17). Nach seinem Ausscheiden aus dem Senat wurde er Mitglied u. Landesvorsitzender der DNVP u. deren Vertreter in der Bremischen Bürgerschaft (1920–27). Zudem war B. 1922 Mitbegründer u. Präsident des Deutschen Luftfahrerverbandes u. 1918–33 Vorsitzender des Bremer Bürgerparkvereins.
❖ W0003/0099

Buhlmann, Karl August (* 5.4. 1910 Bremen, † 12.2.89 ebd.), Kaufmann. 1945 gründete B. zusammen mit seiner Frau Mathilde die Fa. Bremer Röhren- u. Eisenhandel. Heute ist die Buhlmann Group zu einem global agierenden Familienkonzern für Stahlrohre u. Rohrverbindungsteile herangewachsen. 2006 übernahm die Familie B. die ➢Grabmalpatenschaft für das ➢Mausoleum ➢Schmiedell.
❖ Z0059/0080

Karl Carstens, 1973 als neu gewählter Vorsitzender der CDU/CSU-Bundestagsfraktion

Carstens, Karl (* 14.12.1914 Bremen, † 30.5.92 Meckenheim) Prof. Dr. jur., Jurist, Bundespräsident. Von 1949–54 unter Bürgermeister Wilhelm ➢Kaisen war C. Bevollmächtigter des Landes Bremen beim Bund, 1960 Professor für Staats- u. Völkerrecht in Köln. In Bonn setzte er seine politische

Grabstätte der Familie Carstens

Laufbahn fort: 1960–69 als Staatssekretär im Verteidigungsministerium, im Auswärtigen Amt u. im Bundeskanzleramt. Als MdB war er von 1973–76 Vorsitzender der CDU/CSU-Fraktion im Bundestag, 1976–79 Bundestagspräsident u. 1979–84 Bundespräsident.
❖ U0612

Veronica Carstens, 1949

Carstens, Veronica, geb. Prior (* 18.6.1923 Bielefeld, † 25.1.2012 Bonn), Dr. med., Ärztin. Seit 1968 praktizierte C. in eigener internistischer, auf Homöopathie u. Alternativmedizin ausgerichteter Fachpraxis. Als Frau des Bundespräsidenten war sie Schirmherrin der Deutschen Multiple-Sklerose-Gesellschaft, der UNICEF Deutschland, des Müttergenesungswerkes u. Vorsitzende der Deutschen Altershilfe. Das Ehepaar C. gründete 1982/83 die Karl u. Veronica Carstens-Stiftung u. die Patientenorganisation Natur und Medizin e.V. u. legte damit den Grundstein für die wissenschaftliche Aufarbeitung von Naturheilkunde u. Homöopathie.
❖ U0612

Cauer, Stanislaus (* 18.10.1867 Kreuznach, † 8.3.1943 Königsberg), Bildhauer, Hochschullehrer. C. entwarf u. erbaute das Grabmal der Familie ➢ Feuerstein. Sein bekanntestes erhaltenes Werk ist das Schillerdenkmal in Kaliningrad (Königsberg).

Colberg-Tjadens, Dorothee (* 13.5.1922 Berlin, † 22.11.2004 Bremen), Prof., Keramikerin, Hochschullehrerin. Nach dem Studium u. einer eigenen Werkstatt in Höhr-Grenzhausen kam C-T. 1951 nach Bremen. 1951–86 lehrte sie als Dozentin/Professorin für Keramik an der Hochschule

Der Grabstein von Crüsemann steht auf der Grabanlage von H. H. Meier

für Künste in Bremen. Ihre künstlerische Arbeit ist durch frei aufgebaute scheibengetöpferte Objekte geprägt, die sich durch eine außergewöhnliche handwerkliche Präzision u. filigrane Ausgestaltung auszeichnen.
❖ Z0255

Dorothee Colberg-Tjadens in ihrer Werkstatt, um 1965

Crüsemann, Conrad Carl Eduard (* 16.6.1826 Berlin, † 1.9.69 Oberneuland/Bremen), Kaufmann, Reeder. C. gründete 1853 in Bremen ein Import- u. Reedereigeschäft, trieb die Einrichtung einer ständigen Dampfschiffslinie in die USA voran u. gründete 1857 mit H. H. ➢Meier den NDL. Als erster Direktor des NDL war er wesentlich an dessen Aufschwung ab den 1860er Jahren (Post- u. Passagierverkehr) beteiligt.

Eduard Crüsemann, um 1866

Nach Schließung der alten Friedhöfe (➢ Friedhofsgeschichte) hat sein Grabstein auf der Grabanlage seines langjährigen Partners u. Freundes H. H. ➢ Meier einen dauerhaften Standort gefunden.
❖ O0025/0026,0104/0105,0104a/0105a

Hans Dammann, um 1904

Dammann, Hans (* 16.6.1867 Proskau, Kreis Oppeln/Schlesien, † 15.6.1942 Berlin), Bildhauer. Nach seiner Ausbildung arbeitete D. seit 1895 als selbstständiger Bildhauer, v.a. in den Bereichen des zivilen u. militärischen Totengedenkens. D. zählt zu den bedeutendsten Sepulkralplastikern des ➢ Historismus. Er hinterließ über 300 Werke, viele von ihnen sind auf deutschen u. europäischen Friedhöfen zu sehen. Auf dem F.R. war D. an den Grabdenkmälern von Carl August ➢ Bautz u. Frederik Alfred ➢ Lohmann beteiligt.
➢ Sepulkralkultur

Danziger, Daniel (* 30.6.1869 Bremen, † 12.9.1933 ebd.), Dr. jur., Rechtsanwalt, Notar. Das ➢ Jugendstilgrabmal am Ufer des ➢ Sees wurde 1913 errichtet. Es ist in Anlehnung an ein antikes ➢ Aedikulagrab, jedoch mit geschlossener Inschriftwand, gestaltet.
❖ EE0334

Dausch, Constantin (* 30.11.1841 Waldsee/Württemberg, † 12.7.1908 Rom), Bildhauer. D. lebte u. arbeitete seit 1868 in Rom. Gemeinsam mit Heinrich ➢ Müller schuf er das nicht mehr vorhandene ➢ Mausoleum der Familien ➢ Melchers u. die große Grabanlage für Christian ➢ Wätjen. Im Bremer Bürgerpark sind drei Marmorskulpturen des Bildhauers zu sehen.

Denkmal. Als D. werden zum Gedächtnis an eine Person oder ein Ereignis errichtete, größere plastische Darstellungen, Monu-

Jugendstilgrab der Familie Danziger

Ein erster Blickpunkt hinter dem Haupteingang, die denkmalgeschützte Grabstätte Höpken

mente, ebenso wie erhaltene Kunstwerke definiert, die für eine frühere Kultur Zeugnis ablegen. Der F.R. ist reich an künstlerischen, architektonisch wie bildhauerisch bedeutenden D., die nicht an Begräbnisstellen gebunden sind. Zudem gilt der F.R. in seiner Gesamtheit als D. ➢Denkmalschutz ➢Denkmalwerte Grabdenkmale

Denkmalschutz. Ziel des D. ist es, Kulturdenkmale u. kulturhistorisch relevante Gesamtanlagen dauerhaft zu erhalten. Seit 2011 steht die Gesamtanlage des F.R. (ohne die Erweiterung aus den 1950er Jahren) mit allen Gebäuden u. etwa 80 Grabmälern unter D., das ➢Kolumbarium bereits seit 2000. Die Unterschutzstellung erfolgte aus »wissenschaftlichen (gartenkunstgeschichtlichen, friedhofskulturgeschichtlichen Gründen als früher u. bedeutender ➢Parkfriedhof u. F. im ›Gemischten Stil‹), heimatgeschichtlichen (Bestattungsort lokalgeschichtlich bedeutender Personen, bedeutendes Zeugnis der Neuordnung des Bremer Bestattungswesens im späten 19. Jh.) u. künstlerischen Gründen (künstlerisch außerordentlich qualitätvolle Gesamtplanung, zahlreiche Grabstätten von künstlerischer Relevanz)« (Kirsch 2010).

Denkmalwerte Grabdenkmale. In einer zwischen dem Gartenbauamt (heute Umweltbetrieb Bremen) u. dem Landesamt für Denkmalpflege vereinbarten Liste wurden alle nach denkmalpflegerischen Kriterien erhaltungswürdigen historischen Grabmäler des F.R. erfasst. Die ständig aktualisierte Liste umfasst zzt. 79 Objekte. Ob u. wie ältere wertvolle Grabanlagen nach Fortfall von Belegungsrechten erhalten werden können, wird im Einzelfall zwischen Friedhofsverwaltung u. Denkmalpflege entschieden. ➢ Grabmalpatenschaft

Donandt, Martin (* 18.1.1852 Bremen, † 23.1.1937 ebd.), Dr. jur., Richter, Bürgermeister. Seit 1891 war D. Mitglied der Bremischen Bürgerschaft, seit 1898 Mitglied des Senats u. seit 1920 Präsident des Senats u. damit Bürgermeister. 1933 zwangen ihn die Nationalsozialisten zum Rücktritt. Der parteilose u. konservative Politiker wirkte vor allem auf dem Gebiet der Finanz- u. Wirtschaftspolitik.
❖ R0092

Bierdeckel und Etikett der Dressler Brauerei

Doppelschichtige Bestattungsform. Aus Platz- u. Kostengründen wurden beim F.R. (auch auf anderen Bremer F.) die Flächen erhöht u. so eine D.B. ermöglicht. Dieses innovative Vorgehen, das sich zunächst gut bewährte, führte in vielen Bereichen des F.R. im Laufe der Nutzung zu Problemen durch die Boden- u. Wasserverhältnisse. Doppelschichtige Sargbestattungen sind deshalb heute nicht mehr möglich.

Dorffriedhof Schwachhausen. Der ursprünglich rechts vom Haupteingang gelegene D.S. wurde 1902 mit in das Friedhofsgelände einbezogen. Erhalten ist noch eine Grabanlage mit Zaun.
❖ Schwachhauser Teil

Doventorsfriedhof ➢ Friedhofsgeschichte

Dressler, Carsten (* 31.1.1843 Bremen, † 19.7.1929 ebd.), Brauereibesitzer. D. gründete 1871 in der Faulenstraße eine Braunbierbrauerei, die sich seit 1894 Germania Brauerei C. Dressler nannte. 1954 erwarb die Holsten Brauerei Hamburg die Mehrheitsbeteiligung am Unternehmen u. löste die Brauerei Anfang der 1980er Jahre auf.
❖ S0147

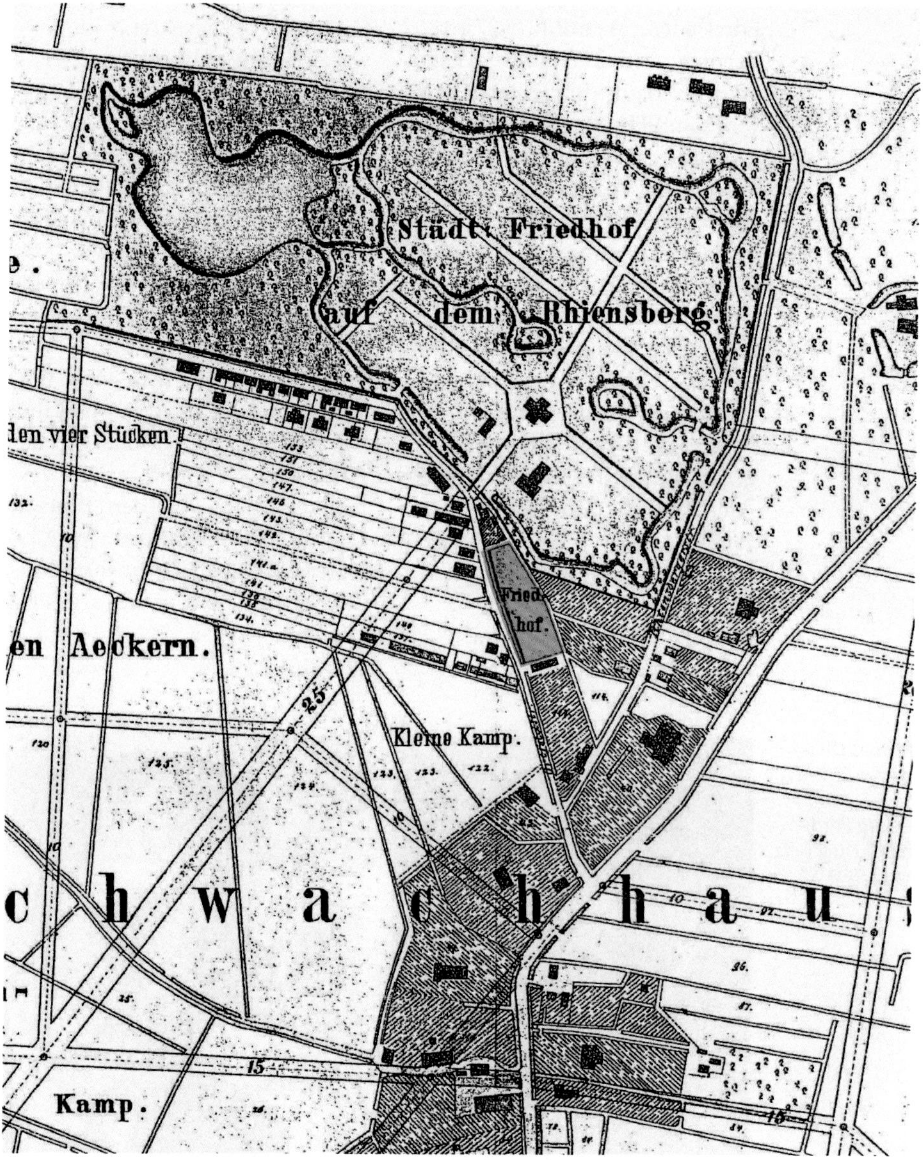

Auf der Karte von 1874 ist der Dorffriedhof Schwachhausen deutlich zu erkennen

Duckwitz, Arnold (* 27.1.1802 Bremen, † 19.3.81 ebd.), Kaufmann, Senator, Bürgermeister. D. war seit 1841 Senator in Bremen u. gehörte 1848 als Sachverständiger beim Volkswirtschaftlichen Ausschuss der Frankfurter Nationalversammlung an. Im selben Jahr erfolgte seine Ernennung zum Handelsminister. Nach dem Scheitern der Nationalversammlung kehrte D. nach Bremen zurück u. trat abermals in den Senat ein. 1857 wurde er Nachfolger von Bürgermeister Johann ➢Smidt. Das Amt bekleidete er bis 1863 u. von 1866–69.
❖ V0097/ 0098/ 0218/0219

Duckwitz, Georg Ferdinand (* 29.9. 1904 Bremen, † 16.2.73 ebd.), Diplomat, Staatssekretär im Auswärtigen Amt. Der Urenkel von Arnold ➢D., zunächst ein Befürworter des Hitlerregimes, erfuhr in Kopenhagen, wo er als Sachverständiger für Schifffahrt an der Deutschen Gesandtschaft (seit 1939) beschäftigt war, von geplanten Judendeportationen aus Dänemark. Durch seine Kooperation mit dänischen u. schwedischen Stellen konnten viele tausend Juden vor dem Tod bewahrt werden. Seit 1971 erinnert in der Allee der Gerechten in Yad Vashem ein Baum an den Bremer. D. war als Staatssekretär im Auswärtigen Amt an der Aushandlung des Warschauer Vertrags von 1970 beteiligt.
❖ V0101

Arnold Duckwitz, 1802-81

Georg Ferdinand Duckwitz, um 1960

Eberlein, Gustav (* 14.7.1847 Spiekershausen, † 5.2.1926 Berlin), Bildhauer, Maler, Schriftsteller. E. zählte zu den meist beschäftigten Künstlern der Berliner Bildhauerschule des 19. Jh. u. war besonders bekannt für seine Porträt- u. Kleinplastik u. international gefragt in der Denkmalkunst. Seine Anlehnung an Auguste Rodin u. Constantin Meunier brachte ihm in nationalistischen Kreisen Kritik ein. ➢ Wendt

Edzard, Cornelius (* 22.5.1898 Bremen, † 8.1.1962 ebd.), Flugzeugingenieur, Flugpionier. E. konstruierte schon in jungen Jahren Flugmodelle u. war ab 1923 »Einflieger« bei der Bremer Focke-Wulf Flugzeugbau AG. Der maßgebende Initiator zur Gründung der Bremer Luftverkehrs GmbH war bis 1933 ihr Geschäftsführer, dann Direktor des Flughafens Bremen. Bereits seit den 1920er Jahren war E. für seine extremen Langstreckenflüge bekannt. Weltruhm erlangte er 1927 durch seine Teilnahme am 1. Versuch einer Ost-West-Überquerung des Atlantiks in die USA. Die einmotorige Europa der Junkers-Werke musste den Versuch jedoch wetterbedingt abbrechen.

E. ist im ➢ Familiengrab von Gustav Cornelius Melchers (1860–1902), dem Großvater mütterlicherseits, bestattet.
❖ AA0036

Das Bremer Flughafengebäude, 1930er Jahre

Edzard, Dietz (Dietrich Hermann) (* 30.3.1893 Bremen, † 8.1.1963 Paris), Maler, Grafiker. Der Bruder von ➢ Cornelius u. ➢ Kurt E. war Schüler von Adolf Hölzel (1853–1934), Heinrich Wilhelm Trübner (1851–1917) u. Max Beckmann (1884–1950). Seit den 1930er Jahren lebte D. in Paris, wo seine Arbeiten bereits 1929 in einer Galerie für impressionistische Kunst (Jeu de Paume) ausgestellt worden waren. Fünf seiner Arbeiten wurden während des NS als »entartet« gebrandmarkt. E. ist mit seinen Werken weltweit, besonders in den USA u. Kanada, wo er zuletzt lebte, vertreten.

In Paris beigesetzt, findet sich sein Name auf der Grabplatte des Familiengrabs auf dem F.R.
❖ AA0036

Cornelius »Conny« Edzard (l.)

Edzard, Kurt (* 26.5.1890 Bremen, † 22.10.1972 Braunschweig), Bildhauer. E. studierte Bildhauerei bei

Das Relief von Kurt Edzard auf der Grabstele seines Sohnes Christoph (1926–34) zeigt diesen mit einem Adler, dem Symbol für Wiedergeburt, emporsteigend

Hermann Volz an der Kunstakademie Karlsruhe u. unterrichtete dort selbst als Professor für Bildhauerei in den Jahren 1925–28. Später arbeitete er in Berlin, Paris u. London. 1946 wurde E. an die Polytechnische Hochschule Braunschweig berufen.
❖ AA0036a

Eeg, Carl (* 27.6.1876 Bremen, † 22.6.1956 ebd.), Architekt. Seit 1903 arbeitete E. im eigenen Architekturbüro, 1906–44 in einer Arbeitsgemeinschaft mit dem Architekten Eduard Runge. E. entwarf Geschäfts- u. bürgerliche Wohnbauten in der Bremer Innenstadt u. war an der Gestaltung des Schüttings (Goldener Saal) beteiligt. E. u. Runge lieferten die Pläne für den Umbau des Roseliushauses in der Böttcherstraße zu einem Museum. Von 1903–33 war E. Mitglied der Prüfungskommission für Grabdenkmäler u. ab 1945 deren Leiter. Von Bremens führendem Architekten in der Gestaltung von Mausoleen u. Grabdenkmälern sind auf dem F.R. verschiedene Werke erhalten geblieben: u.a. das ➢ Mausoleum ➢ Erdmann-Jesnitzer u. die Grabmäler Friedrich ➢ Achelis, Carl Georg ➢ Barkhausen, Clifford ➢ Phillips, Eduard ➢ Ichon, August ➢ Lürman, Gus-

Grabmal des Architekten Carl Eeg

J. L. Egestorff erwarb die Grabstelle am Tag der Eröffnung des F.R.

tav ➢ Pauli, Carl ➢ Schütte, Friedrich Adolf ➢ Vinnen.
❖ AA0196

Efeukranz ➢ Kranz

Egestorff, Johann Ludwig (* 24.8. 1807 Bremen, † 3.3.80 ebd.), Kaufmann. E. erwarb am 1.5.1875 die erste Grabstelle auf dem F.R (➢ Friedhofsgeschichte). Sein Sohn, der Gutsbesitzer Johann Heinrich E. (1859–1905), legte mit seinem Testament den Grundstein für das Altenheim Egestorff-Stiftung, wo sich auch sein Grab befindet.

Die im Stil des ➢ Historismus errichtete Grabanlage auf dem F.R. ist aus Obernkirchener ➢ Sandstein gestaltet.
❖ N0088/0089/0094/0095

Ehmck, Diedrich (* 13.1.1836 Bremen, † 17.3.1908 ebd.), Dr. phil., Historiker, Senator. Nach Studium u. Promotion wurde E. vom Bremer Senat mit der Herausgabe des Bremischen Urkundenbuches beauftragt. 1861 war er Mitbegründer des Vereins für Bremische Geschichte u. Altertumskunde, als Senator (seit 1875) hatte er Einfluss auf die Neuorganisation des Schulwesens.
❖ Q0174/0175

Ehrengrab ➢ Legatgrab

Ernst Ehrhardt, um 1938/39

Ehrhardt, Ernst (* 6.9.1855 Staßfurt, † 6.8.1944 Bremen), Dombaumeister, Baudirektor. 1897 trat E. die Nachfolge von Max Salzmann als Dombaumeister in Bremen an. Er führte die 1888 begonnenen Restaurierungsarbeiten am Dom u. am Schütting zu Ende. Später überwachte er als Baudirektor für Hochbau die Arbeiten am Bremer Rathaus (1909–13), am Gewerbehaus (1912–13) u. koordinierte verschiedene Schul- u. Krankenhausneubauten. Im Ruhestand (seit 1920) widmete er sich wissenschaftlichen Arbeiten zur bremischen Baugeschichte.
❖ V0622a

Eiche. Seit der Romantik ist die E. Symbol der Treue, Standhaftigkeit, Beständigkeit. Aus dem römischen ➢ Kranz aus Eichenlaub entwickelte sich der Siegeskranz, der den Tod bezwingend auch Grabmale schmückt. Eichen wurden bei der Neuanlage des F.R. mit einbezogen. ➢ Bepflanzung

Einäscherungsofen. 1874 wurde erstmals ein Verbrennungsofen für ein ➢ Krematorium konstruiert (Fa. Friedrich Siemens, Dresden). Der Leichnam kommt hierbei nicht direkt mit den Flammen in Kontakt. Im Krematorium auf dem F.R. wurden zunächst ein Ofen, ab 1908 zwei Öfen des schwedischen Konstrukteurs Klingenstierna eingebaut. Sie stellten eine entscheidende Verbesserung des Siemens-Ofens dar.

Die Eiche als Symbol der Treue ziert zahlreiche Grabmale

Ein Sarg wird in den Einäscherungsofen geschoben. F. R., um 1907

Einfriedung. Ursprünglich diente ein blickdichter Kranz an Fichten der E. des F.R. Davon existieren heute nur noch zwei, eine beim Grabmal ➢Rutenberg u. eine an der Kleinen Seebrücke der Insel des Grabfeldes Z zum Uferweg. Heute ist der F.R. überwiegend mit Eiben u. ergänzenden Laubbäumen eingefriedet. Sie bieten den gleichen immergrünen Effekt, lassen sich aber besser in Form halten als Fichten. ➢Bepflanzung

Eingang. Planungen, eine repräsentative, breite Zuwegung von der Innenstadt zum Eingang des F.R. zu führen (s. Abb. der Karte von 1874, S. 35), wurden aus Kostengründen nur bis zur Wachmannstr. umgesetzt. Neben dem südlichen Haupteingang in der Friedhofstr. gab es von Beginn an weitere Eingänge an der Riensbergerstr. (Osten) u. der Beckfeldstr. (Westen). Seit 1998 gibt es zudem einen Eingang im nördlichen Teil. Heute existieren ein Haupt- u. drei Nebeneingänge. Die Schließzeiten sind nach Jahreszeiten unterschiedlich. ➢Eingangstor ➢Allgemeine Informationen, S. 175

Ehemaliges Eingangstor, 1926

Eingangstor. Dem ersten von Johannes ➢Rippe entworfenen folgte im Dezember 1926 ein E. aus rotem Backstein, das den Baustil der in Sichtweite gelegenen Kapelle aufnahm. Nach Ende des 2. WK wurde das beschädigte Tor durch eine neue Pforte ersetzt.

Engel. In der christlichen Tradition gelten E. als Mittler zwischen Himmel u. Erde, sind Diener u. Boten Gottes. Sie gehören neben trauernden Frauen zu den beliebtesten Motiven der ➢Sepulkralkultur im 19. Jh. E. begleiten die Seele der Verstorbenen oder haben als Schutzengel eine tröstende Funktion. Ihre Vorläufer, der geflügelte Schutzgeist des Todesgenius, der ➢Thanatos und der Chronos haben ihren Ursprung in der klassischen Antike. Auf dem F.R. beeindrucken ein seltener männlicher E. (Grabstätte ➢Teichmann), ein weiblicher E. mit naturalistischem Porträt (Grabstätte ➢Pohlmann) u. ein Schutzengel für ein Mädchen (Grabstätte ➢Rutenberg). ➢Symbole

Rechts: Verschiedene Interpretationen von Engelsgestalten auf dem F.R.

Engelhard, Paul Emil (* 27.7.1868 Münster, † 29.9.1911 Berlin/Johannisthal), Marineoffizier, Pilot, Flugpionier. Der Marineoffizier u.

DORA WILDHAGEN

DIE TRÄUMENDEN

Kapitän Engelhardt im Flug, Johannistal bei Berlin, 12.8.1910

zeitweilige Mitarbeiter beim Deutschen Schulschiff-Verein in Bremen gilt als einer der bedeutendsten Flugpioniere Deutschlands. Am 15.3.1910 erhielt er die 3. Flugzeugführererlaubnis des Deutschen Luftschiffer-Verbandes u. war zugleich erster Chefpilot der Wright-Gesellschaft auf dem Flugplatz Berlin/Johannisthal. Nur ein Jahr später verunglückte E. bei einem Übungsflug tödlich.
❖ Z0281

Engelhardt, Roland (* 18.4.1868 Hannover, † 22.12.1951 ebd.), Bildhauer. Das Hauptsujet des Bildhauersohns war die Grabmalkunst. 1908 gründete er zusammen mit verschiedenen Architekten u. Bildhauern in Hannover die Künstler-Vereinigung Friedhofskunst, um eine ➢ Grabmalreform zu befördern. ➢ Stein ➢ Grabmal

Engelken, Hermann (* 5.5.1807 Rockwinkel/Bremen, † 30.7.81 ebd.), Arzt. Der Enkel von Friedrich E. (1742–1815), dem Gründer der »Privat-Anstalt für Gemüthskranke zu Rokwinkel« (heute AMEOS Klinikum Dr. Heines, Bremen), leitete die Einrichtung von 1837–71. Sie gilt als Deutschlands älteste psychiatrische Insti-

Die »Privat-Anstalt für Gemüthskranke zu Rokwinkel«, um 1900

tution, die sich bis heute in privater Trägerschaft befindet. E. u. sein Bruder Friedrich hatten maßgeblichen Anteil an der Entwicklung der Opiumtherapie für psychisch Kranke.

Die Grabstätte von H. Engelken mit einem Medaillon von D.S. Kropp

Von der Grabanlage ist lediglich der ➢Obelisk mit einem Porträtmedaillon des Verstorbenen erhalten. Das Medaillon wurde 1882 von Diedrich Samuel ➢Kropp gestaltet.

❖ Feld vor AA am Wege

Erdbestattung. Bei einer E. wird der verstorbene Mensch in der Regel in einem Sarg beigesetzt. In Bremen sind für Menschen muslimischen Glaubens Beisetzungen im Leichentuch in ausgewiesenen Grabfeldern auf den F. Osterholz u. Aumund in einem ➢Sarggrab möglich. Bundesweit ist die Zahl der E. rückläufig. Im Jahr 2000 gab es in Bremen auf den städtischen F. 1385 E., 2013 noch 785. ➢Bestattungsarten

Erdmann-Jesnitzer, Friedrich (* 24.6.1854 Magdeburg, 23.4.1906 Meran), Intendant des Bremer Stadttheaters. E-J. förderte die Eigenständigkeit u. Stellung des Bremer Theaters in besonderer Weise.

Das auf einem Entwurf von ➢Eeg & Runge basierende ➢Mausoleum ist ein typisches Beispiel des Bremer ➢Jugendstils. Der kubische Bau mit darüber hinausragender Flachkuppel samt Lichteinlässen ist aus ➢Muschelkalk. Hauptschmuck ist die Tür aus Bronze. Die Kombination von Kreuz u. Dornenkranz (➢Symbole) setzt betont christliche Akzente, die aber in ihrer für die ➢Grabmalreform typischen stilisierten Darstellungs-

Das Mausoleum Erdmann-Jesnitzer

JOHANN CASSEBOHM
GEST 24 MAERZ 1915
LILY CASSEBOHM
GEB BUNNEMANN
GEB 21 OKT 1869
DORA BUNNEMANN
GEB SAUER
GEB 11 JUNI 1880
FRIEDR BUNNEMANN
GEB 7 DEZ 1867
GEST 12 MAERZ 1947
FRIEDR REINH BUNNEMANN
GEB 5 AUG 1920
MATHILDE SAUER
GEB LENDEROTH

weise erst auf den zweiten Blick sichtbar werden.
❖ Z0353/0354

Everding, Johann Friedrich Wilhelm (* 5.5.1855 Bremen, † 26.2.1918 ebd.) u. **Johann Christian Wilhelm** (* 18.7. 1863 Bremen, † 20.12.1928 ebd.), Bildhauer. Die Brüder mit einer Werkstatt in der Gertrudenstr. waren u.a. am Bau des Überseemuseums beteiligt u. schufen das ➢ Relief auf dem Grab von Christian Friedrich ➢ Feldmann.

Fackel ➢ Symbole ➢ Licht

Familien- oder Erbgrab. Im 18. Jh. waren zwei Drittel aller Gräber in Bremen unbefristetes Privateigentum u. sowohl bei der Ober- als auch bei der Mittelschicht verbreitet. Aufwändig gestaltete Familiengrabanlagen in herausgehobener Lage konnten jedoch erst nach Eröffnung bzw. Erweiterung der F. Doventor, Buntentor u. Herdentor realisiert werden. Derartige Anlagen förderten eine ausgeprägte ➢ Grabmalkunst u. trugen aufgrund ihres hohen Preises auch zur wirtschaftlichen Konsolidierung der F. bei. Beispiele für aufwändig gestaltete F. auf dem F.R. sind die Gräber von Christian ➢ Feldmann, Woldemar ➢ Focke, Heinrich August ➢ Gildemeister, Georg Wilhelm ➢ Grommé, August ➢ Hammerschlag, Johann ➢ Höpken, ➢ Alfred Lohmann, ➢ Johann Georg Lohmann u. die Mausoleen ➢ Schmiedell und Rutenberg.

Links:
Das aufwändig gestaltete neobarocke Monument aus schwarzem Gestein mit einer stehenden weiblichen Statue aus hellem Marmor wurde 1903 von der Familie Bunnemann errichtet (❖ AA0165)

St.-Remberti-Kirchhof 1763. Typisch für die stadtbremischen Kirchhöfe war die sehr dichte Belegung. Stehende u. liegende Leichensteine kennzeichneten die Familiengräber

Fechner, Eberhard (* 21.10.1926 Liegnitz/Schlesien, † 7.8.92 Hamburg), Schauspieler, Regisseur. Nach Engagements an Theatern in Berlin, Bremen, Hamburg, Hannover u. Konstanz arbeitete F. als Redaktionsassistent beim NDR. Hier spezialisierte sich F., der auch weiterhin als Schauspieler in Fernsehfilmen mitwirkte, auf die Produktion von Dokumentarfilmen. Buch u. Regie führte der vielfach ausgezeichnete Filmemacher u.a. bei »Tadellöser & Wolff« (1975) u. »Der Prozeß« (1984–79). Für seine Produktion über die Comedian Harmonists (1976) führte er Interviews mit den Musikern. Harry ➢ Frommermann/Frohmann starb kurz vor dem geplanten Termin.
❖ D0284

Grabmal von C.F. Feldmann

Feierhalle ➢ Friedhofskapelle

Feldmann, Christian Friedrich (* 5.8.1813 Bremen, † 3.5.83 ebd.), Lehrer, Senator. 1848 beteiligte sich der Volks- u. Handelsschullehrer als radikaler Demokrat an den Verhandlungen um eine neue Bremer Verfassung. Im Jahr darauf erfolgte seine Wahl zum Präsidenten der Bremischen Bürgerschaft u. zum Mitglied des Senats. Hier war er vor allem für Gewerbe- u. Schulsachen tätig.

Die große Stele aus Obernkirchener ➢ Sandstein trägt ein ➢ Bronzerelief mit Kinderdarstellungen, ein Porträtbild von F. u. die Inschrift: »Ihrem treuen Freunde die dankbaren Kinder Bremens«. Das Grabmal stammt aus der Bildhauerwerkstatt der Bremer Brüder Johann Friedrich Wilhelm u. Johann Christian Wilhelm ➢ Everding.
❖ N0009

Feuerbestattung. Einäscherung (oder Kremierung) eines verstorbenen Menschen. In Bremen geschieht das im städtischen ➢ Krematorium auf dem F. Huckelriede.

No. 313.

1. April 1905.

Die Flamme.

V.f.F.

Erscheint monatlich zweimal.
Jahres-Bestellung 4 M
Vierteljährlich . . 1 M
Einzelne Nummer 30 ₰

Anzeigen-Gebühr
für die dreigespaltene Zeile 30 Pfg.
Abfertigung:
Berlin C. 2. Breitestrasse 5.

Zeitschrift zur Förderung der Feuerbestattung im In- und Auslande.

Offizielles Organ des Berliner Vereins und der internationalen Kommission.

XXII. Jahrgang. | Bestellungen werden bei allen Postanstalten angenommen. Nachdruck sämtlicher Originalaufsätze mit oder ohne Quellenangabe wird gern gestattet. | XXII. Jahrgang.

Die Flamme. Zeitschrift zur Förderung der Feuerbestattung im In- u. Auslande erschien seit 1884

Die häufigste Art der Beisetzung ist die auf dem F., entweder in einem ➢Sarg, ➢Urnen-, anonymen Urnengrab, im ➢Baumgrab oder im ➢Urnengarten. Bei diesen unterirdischen Beisetzungsformen kann die Urne oder auch nur die Asche beigesetzt werden. Die oberirdische Beisetzung erfolgt in einer ➢Urnenmauer (nur F. Buntentor u. Osterholz), im ➢Kolumbarium u. seit 2015 auch auf ausgewiesenen ➢Aschestreufeldern. Weitere Beisetzungsarten nach F. sind die ➢Seebeisetzung, die Beisetzung im ➢Friedwald u. seit Einschränkung des ➢Friedhofszwangs in Bremen auch die Streubeisetzung außerhalb von F.

Feuerbestattungsbewegung. Eine rationale Einstellung zum Tod, Aspekte der Ökonomie ebenso wie der Hygiene sorgten in der 2. Hälfte d. 19. Jh. für den Beginn der F., die sich in der Anfangszeit vor allem aus Mitgliedern des gebildeten u. vermögenden Bürgertums zusammensetzte. Ab 1873 (Dresden) wurden in ganz Deutschland Feuerbestattungsvereine gegründet. Ihr Ziel war es, ➢Krematorien zu errichten u. die Einführung der fakultativen (wahlfreien) ➢Feuerbestattung durchzusetzen. Hauptgegner der »Krematisten« waren die christlichen Kirchen, insbesondere die katholische Kirche, die mit der Aufgabe des traditionellen Begräbnisses einen Verlust an christlicher Kultur befürchteten. In Bremen gab es dagegen kaum Widerstand von Geistlichen. Im Gegenteil, wichtige Amtsträger der ev. Kirche hatten über Jahrzehnte einen Sitz im Vorstand des ➢Vereins für Feuerbestattung Bremen e.V. Im Grabfeld DD des F.R. existiert ein Gedenkstein für den Verein für Feuerbestattung.

Feuerstein, Johann Carl Wilhelm August Rudolf (* 9.1.1828 Koblenz, † 30.3.82 Bremen), Kaufmann. Das ➢ Grabmal stammt aus der Werkstatt des Bildhauers Stanislaus ➢ Cauer. Das ➢ Relief wurde 1894 aus ➢ Marmor gefertigt u. wird von einem geflügelten weiblichen Genius, einem Schutzgeist des verstorbenen Menschen, dominiert.
❖ I0177

Fialturm. Schlankes, spitzes, gotisches Ziertürmchen auf einem rechteckigen Schaft. Die gotische Architektursprache erhielt im 19. Jh. eine Aufwertung. Die F. sind oft mit Maßwerk u. Satteldächlein verziert. ➢ Grabmalformen

Fichten ➢ Einfriedung

Findling ➢ Grabmalformen

Fialtürme kennzeichnen die Neogotik

Finke, Karl Heinrich Wilhelm (* 20.6.1884 Bremen, † 7.11.1950 ebd.), Dr. phil., Pädagoge, Physiker, Astronom. Parallel zu seiner Tätigkeit als Gymnasiallehrer wirkte F. als Astronom, Wissenschaftler u. Erfinder. Seine bahnbrechende Einrichtung zur Projektion des Sternenhimmels für Unterrichtszwecke ließ F. sich 1919 patentieren. Da er keine Partner fand, um diesen Entwurf umzusetzen, wurde das erste Planetarium 1925 durch die Fa. Carl Zeiss im Deutschen Museum München realisiert. F. war 1920 Mitbegründer der Bremer Olbers-Gesellschaft, in deren Räumen 1952 das deutschlandweit 5. Planetarium eröffnet wurde.
❖ N0064

Fischer, Fritz (* 5.3.1908 Ludwigsstadt, † 1.12.99 Hamburg), Prof. Dr., Historiker. In seinem 1961 veröffentlichten Buch »Griff nach der Weltmacht« brach F. mit dem Tabu der deutschen Unschuld am Ausbruch des 1. WK. Er entfachte damit den ersten großen Historikerstreit in der Bundesrepublik, der als Fischer-Kontroverse in die Geschichte einging.
❖ Z0192

Rechts: Darstellung eines geflügelten Schutzgeistes auf dem Grabstein von J. Feuerstein

Porträt-medaillon von Arthur Fitger auf seiner Grabstätte

Henrich Focke, 1960

Fitger, Arthur (* 4.10.1840 Delmenhorst, † 28.6.1909 Bremen), Maler, Dichter. F., der nach einem Kunststudium seit 1869 in Bremen lebte, traf mit seiner zum Pathetischen neigenden Historienmalerei den Geschmack der Zeit. Er malte zahlreiche öffentliche u. private Gebäude aus. In Bremen u.a. die Börse, das Haus Seefahrt u. den Ratskeller. Als Vorsitzender des Bremer Kunstvereins prägte er den Kunstgeschmack des Bremer Publikums nachhaltig. Auf dem F.R. gestaltete F. die Fresken im Grabgebäude von Lüder ➢ Rutenberg.

F. ➢ Grabmal ist mit einer nach seinen Gemälden inspirierten Bronzefigur eines Sphinx geschmückt. Auf dem Postament findet sich sein Profilrelief vom Bildhauer August ➢ Sommer. Die ursprüngliche Einfriedung des Grabes aus Bronze wurde Opfer eines ➢ Metalldiebstahls.
❖ U0192/0195

Focke, Gustav Woldemar (* 24.1.1810 Bremen, † 1.6.77 ebd.), Dr. rer. nat., Arzt, Botaniker. Der Enkel von Wilhelm ➢ Olbers war seit 1836 in Bremen als Arzt tätig. Er engagierte sich u.a. im naturwissenschaftlichen Verein u. veröffentlichte mikroskopische Studien zur Zoologie u. Botanik.

Das ➢ Familiengrab aus ➢ Sandstein mit ➢ Marmorplatten ist einer gotischen Kirche nachempfunden. Es ist eines der größten ➢ Grabmale auf dem F.R. (ca. 6 m hoch u. breit). Das Grabmal, ebenso wie die antikisierende weibliche Statue fertigte 1878 der Hildesheimer Bildhauer Friedrich Küsthardt (1830–1900).
❖ S0043/0045

Focke, Henrich (* 8.10.1890 Bremen, † 25.2.1979 ebd.), Prof. h.c., Ingenieur, Flugpionier. 1923 gründete F. zusammen mit Georg Wulf (1895–1925) in Bremen die Focke-Wulf-Flugzeug AG, die Flugzeuge industriell in Serie fertigte. Teile der Firma gehören heute zu EADS u. Airbus. Ab 1931 unterrichtete er zudem an der Technischen Lehranstalt. 1937 gründete er in Ganderkesee eine neue Firma, die sich 1944 mit der Bremer Weser Flugzeugbau GmbH vereinigte. Nach dem Krieg entwickelte F. weiterhin Fluggeräte, Schiffe, Boote u. Bauwerke, z.B. einen Windkanal zur aerodynamischen Überprüfung, der heute noch existiert.

Das als stilisierter ➢ Engel gestaltete ➢ Grabmal aus ➢ Sandstein trägt in der Mitte eine Schale mit verwelkenden ➢ Rosen, ein beliebtes ➢ Vergänglichkeits ➢ symbol.
❖ V0632/0633

Francke, Carl (* 30.6.1843 Magdeburg, † 7.2.1931 Bremen), Industrieller. Der seit 1871 in Bremen lebende F. gründete zunächst eine

Das Grab der Familie Focke ist einer gotischen Kirche nachempfunden

Vorige Doppelseite:
Fitgers Grab schmückt ein Sphinx, ein geflügelter Tierkörper mit dem Kopf eines Engels. Das Saiteninstrument Lyra symbolisiert die Vergänglichkeit

Grab der Familie Francke

Installationswerkstatt für Wasser- u. Gasleitungen sowie Wasser- u. Dampfheizungen. In den Francke-Werken waren später bis zu 1.000 Mitarbeiter u.a. mit der Produktion von Eisenkonstruktionen für Häfen, Kräne, Tanks u. Wasserstofferzeugungsanlagen für Zeppeline beschäftigt. Die Firma bestand bis 1957.

Die breitgelagerte ➢Stele mit Volutengiebel zeigt links u. rechts stilisierte ➢Urnen u. ein Hochrelief (➢Relief) in antikisierendem Stil.

❖ AA0391/0393

Franzius, Ludwig (* 1.3.1832 Wittmund, † 23.6.1903 Bremen), Wasserbauer. 1875 übernahm F. die Stelle eines Oberbaudirektors in Bremen. Sein Lebenswerk war das

Ludwig Franzius, um 1900

An der Grabstätte der Familie Franzius laden Bänke zum Verweilen ein

technische Großprojekt der Unterweserkorrektion (1878–95), die der Weltschifffahrt den Weg nach Bremen öffnete. Nun konnten auch Schiffe mit 5 m Tiefgang den Bremer Hafen erreichen.

Das ➢aedikulaartige, aus ➢Sandstein gefertigte Grabmonument ist im Stil des ➢Neoklassizismus (➢Historismus) ausgeführt. An den Seitenflügeln laden Bänke zum Verweilen ein. Die Porträtmedaillons stammen vermutlich aus der Werkstatt des Bildhauers Georg ➢Roemer.
❖ AA0049

Frese, Hermann (* 26.3.1843 Bremen, † 16.1.1909 ebd.), Kaufmann, Senator. Der Tabakhändler wurde 1892 in die Handelskammer gewählt. Er vertrat Bremen von 1893–1903 als liberaler Abgeordneter im Reichstag, besonders in den Bereichen Handel u. Gewerbe. Von 1903–09 war er als Senator vor allem für Handels- u. Finanzfragen zuständig.

Das aus ➢Marmor gearbeitete Porträtmedaillon zeigt eine Profilansicht von F.
❖ AA0375/0379

Freudenthal, August (* 2.9.1851 Fallingbostel, † 6.8.98 Bremen), Schriftsteller. Seit 1874 arbeitete er zudem als Redakteur bei Bremer Tageszeitungen. Der als Hei-

Ein Findling mit Porträtmedaillon auf dem Grab von A. Freudenthal

dedichter bekannte F. veröffentliche Lustspiele u. Heimatlyrik, z.T. in plattdeutscher Sprache. Sein bekanntestes Werk ist eine vierbändige Ausgabe von Reiseberichten durch die Lüneburger Heide. »Heidefahrten« erschien 1890–97. 1895 gründete F. zusammen mit seinem ebenfalls als Schriftsteller tätigen Bruder Friedrich (1849–1929) die Zeitschrift »Niedersachsen«.
❖ Y0975

August Freudenthal (rechts) mit Bruder Friedrich

Friedhof Walle. Der F. Walle wurde als Ersatz für die Innenstadtfriedhöfe u. als westliche Ergänzung zum F.R. zeitgleich geplant, angelegt u. eröffnet. Die Gestaltung, die in ihrer Struktur in vielen Teilen dem F.R. entspricht, lag ebenfalls in den Händen des Aachener Gartenarchitekten ➢Jancke. 1895 wurde der F. Walle unter Beteiligung von Wilhelm ➢Benque von 21 auf 29 ha vergrößert. ➢Friedhofsgeschichte

Friedhof. Unter F. wird heute der gemeinschaftliche, öffentliche Begräbnisplatz verstanden. In seiner ursprünglichen Wortbedeutung leitet er sich von Freithof im Sinne eines umfriedeten Ortes ab. Der F. durchlief einen »Wandlungsprozess vom religiösen Kultort zur hygienisch verantworteten Bestattungsanstalt, hin zu einer öffentlichen Grünanlage« (Sörries 2002).

Friedhöfe, bremische. In Bremen gibt es 37 F. Davon sind 21 ev. oder kath., 13 städtisch, 2 jüdisch u. 1 F. privat. Der Bestand an F. in Bremen liegt derzeit bei 250 ha. Davon entfallen auf die städtischen F. rd. 219 ha, auf die kirchlichen u. sonstige rd. 31 ha (davon jüdische F. 1 ha).

Friedhofsanlage. Der F.R. ist als ➢Parkfriedhof gestaltet. Zentrale Elemente sind eine gezielte Wegführung, der ➢See mit auslaufendem Umfassungsgraben u. mehrere ➢Brücken. Vom Haupteingang an der Friedhofstr. aus führen im architektonisch gestalteten, hufeisenförmigen Eingangsbereich zwei breite Eingangswege zur neugotischen ➢Friedhofskapelle. Von dieser führt eine Hauptallee als Achse durch regelmäßig angelegte Rasenstücke mit Gruppen von Nadelbäumen u. immergrünen ➢Gehölzen links u. rechts. Dieser Zentralbereich hat einen bogenförmigen Abschluss (s. Abb. der Karte von 1874, S. 35). Die breiten Wege, mit einer Gesamtlänge von über 7 km (2015), werden zum Teil von Alleen aus Linden eingefasst. Die zahlreichen künstlerisch gestalteten ➢Grabmale u. drei größere ➢Mausoleen, rund um den See gelegen, die Kapelle, das ehemalige ➢Krematorium u. die Brücken wirken als Blickpunkte innerhalb der parkartigen F., die in großen Teilen unter ➢Denkmalschutz steht. ➢Friedhofsplan ➢Gartenkunst

Friedhofsbauten. Mit Ausnahme des ➢Krematoriums wurden alle F. als Backsteinbauten im neugotischen Stil nach Entwürfen des Bremer Architekten Johannes ➢Rippe errichtet u. zur Eröffnung des F.R. im Mai 1875 fertiggestellt. Dazu gehören die Kapelle, das Friedhofsaufseherhaus (heute Friedhofsbüro) u. ein Nebengebäude, in dem ursprünglich eine Leichenkammer u. ein Obduktionsraum untergebracht waren. Friedhofsaufseherhaus u. Nebengebäude waren aufgrund der gestiegenen hygienischen, organisatorischen u. verwaltungstechnischer Anfor-

Lindenalleen sind kennzeichend im Zentralbereich des Riensberger Friedhofs

derungen notwendig geworden. ➢Leichenhaus

Friedhofsbüro. Der Sitz der lokalen Verwaltung des F.R. befindet sich im Backsteingebäude am Haupteingang. Hier wird die Gräberdatei geführt, Bestattungstermine in Abstimmung mit der Zentralen Friedhofsverwaltung organisiert u. über Grabformen u. Gebühren beraten. ➢Allgemeine Informationen, S. 175

Friedhofseröffnung. Am Sonnabend, dem 1.5.1875 fanden auf dem F.R. die ersten drei Beerdigungen statt. Damit war der F. eröffnet. Hintergrund für den Verzicht auf eine besondere Zeremonie sollen behördliche Querelen gewesen sein.

Friedhofserweiterung. Der F.R. wurde um 1950 im nördlichen Bereich von 21,6 auf 28,1 ha erweitert. Das ➢Grabfeld FF wurde um FF I u. FF II vergrößert, neu hinzu kamen GG, HH u. KK.

Friedhofsführung. Kulturgeschichtliche Rundgänge werden regelmäßig von Mitarbeiterinnen und Mitarbeitern des Umweltbetriebs Bremen, des Focke-Museums u. von verschiedenen kommerziellen Anbietern durchgeführt.

Friedhofsgeschichte, bremische. Seit dem Mittelalter lag das Bestattungswesen vollständig im Verantwortungsbereich der Kirchen. Begräbnisstätten befanden sich in der unmittelbaren Umgebung der altstädtischen Kirchen u. Kapellen u. für bedeutendere Begräbnisse in den Innenräumen der vier Hauptkirchen (Unser Lieben Frauen, St. Martini, St. Ansgarii, St. Stephani). Durch Napoleon wurden 1812 aus hygienischen Gründen Bestattungen innerhalb der Stadtmauern verboten. Nun konnte nur noch der 1598 angelegte u. 1661 erweiterte Doventorsfriedhof vor den Toren der Stadt genutzt werden. Neugründungen erfolgten 1812 mit dem Herdentorsfriedhof u. 1822 mit dem F. Buntentor. Die rasante Bevölkerungszunahme bei gleichzeitiger Ausdehnung der Innenstadtgrenzen erschöpfte schon Mitte des 19. Jh. die Kapazitäten der F. Die zuerst vorhandene Idee eines ➢Zentralfriedhofs gab man auf u. entschied sich für die Neuerrichtung zweier Stadtteilfriedhöfe, des F.R. im Osten u. des ➢Friedhofs Walle im Westen. Am 30.4.1875 fanden auf dem Herdentors- u. Doventorsfriedhof die letzten Beerdigungen statt. Auf dem Areal des F. Doventor wurde 1931 das Arbeitsamt gebaut, der südliche Teil des Herdentorsfriedhofs verschwand unter den Bahnanlagen, auf dem nördlichen steht seit 1932 das ehemalige Reichskolonialehrendenkmal, der Elefant in einer Grünanlage. ➢Friedhöfe,

Zwei der drei über 20 Meter hohen Thujen im Eingangsbereich sind über 130 Jahre alt

bremische ➢Jüdische F. ➢Kirchliche F.

Friedhofskapelle. Die neugotische, kreuzförmige Backsteinkapelle befindet sich im Zentrum des architektonisch gestalteten Eingangsbereichs. Im Inneren der schiefergedeckten, mit Holz ausgebauten Kapelle bieten drei Flügel u. zwei Emporen Sitzgelegenheiten für etwa 200 Personen. Auf der über dem Eingang gelegenen Empore steht eine um 1860 erbaute Orgel von W.H. Hawker (Exeter, England). Die heute sichtbaren Fenster der F. wurden 1950 von Heinz ➢Borchers u. Heinz ➢Lilienthal geschaffen. Die letzte Gesamtrenovierung fand 1998 statt.

Seit 2006 findet in der Kapelle die Veranstaltungsreihe »Zwischen Himmel und Erde« mit Konzerten u. Lesungen statt. Bis dahin fast ausschließlich für die Durchführung von Trauerfeiern genutzt, hat sich die Kapelle aufgrund ihrer besonderen Atmosphäre u. der hervorragenden Akustik als lebendiger Ort der Kultur, Kommunikation u. Kontemplation etabliert. Aktuelles Programm: www.umweltbetrieb-bremen.de

Die Kapelle kurz nach der Eröffnung des F.R., um 1880

Im historischen Gebäude am Haupteingang des F.R. befindet sich das Friedhofsbüro

Friedhofsordnung. Sie soll den reibungslosen Ablauf des Friedhofsbetriebes gewährleisten, auch die Wahrung der Friedhofswürde sicherstellen. Die F. regelt die Verwaltung der F., die Arten u. Größen der Grabstellen, die Formen der Bestattungen, Nutzungsrechte u. Nutzungsdauer. Gegenstand ist auch die Anlage u. Pflege der Grabstellen sowie das Verhalten auf den F.

Friedhofspersonal. Bestand das F. bis zur ➢Kommunalisierung der F. 1875 aus einzelnen Gewerbetreibenden u. kirchlichen Angestellten, wurde es nun dem Staat zugeordnet u. in ein Angestellten- bzw. Beamtenverhältnis überführt. Dazu gehörte der Friedhofsinspektor (als erster Heinrich ➢Barlach) u. der Friedhofsaufseher, aber auch das Leichenfuhrwesen, das 1874 vom Bremer Staat übernommen worden war (das erste staatliche Fuhrunternehmen mit zwölf Pferden gehörte Fr. Wilhelm Amelung). Zum F. gehörten auch Sargträger (in Bremen Leichenträger) u. Totengräber. Ihre Kleidung war in Bremen schlicht gehalten. ➢Bestattungsrituale

Friedhofsplan. Bei Eröffnung des Friedhofes 1875 standen 6.132 Stellen für Privatgräber zur Verfügung. Ca. 3.200 davon waren bereits durch ➢Umbettung alter Gräber vergeben. Die Bezeichnung der einzelnen ➢Grabfelder erfolgte durch die Buchstaben A–Y, darunter nur Iwegen der Verwechslungsgefahr mit J. Z wurde zunächst nicht benutzt (s. aktuellen Plan des F.R. in der hinteren Klappe). Das einzelne Grab ist mit einem bis zu vierstelligen Nummernstein gekennzeichnet. Lage u. Ausstattung der Grabstätte waren ein sichtbares Zeichen der gesellschaftlichen Position des Bestatteten. Die Kosten der Grabstelle berechneten sich nach Größe u. Lage. Im 19. Jh. gab es fünf Klassen, die zwischen 17 u. 170 Mark kosteten. Ein Grabbrief mit der Grabnummer bestätigte den Erwerb der Grabstelle. Das Nutzungsrecht konnte unabhängig von einer Bestattung erworben werden. Heute gilt es für Urnen 20 Jahre, für Erdbegräbnisse 25–30 Jahre.

Friedhofsreform. Nachdem die Monumentalität der Grabmale, insbesondere der Familiengrabstätten, seit der 2. Hälfte d. 19. Jh. immer weiter zugenommen u. sich seriell gefertigte Grabmale wie ➢Galvanoplastiken u. ➢Kunststeine auf den einfacheren Gräbern verbreitet hatten, rief die F. zu Beginn des 20. Jh. dazu auf, sich auf Einfachheit u. heimische Materialien sowie auf eine neue Verbindung von Kunst u. Handwerk zu besinnen. Die 1905 in Wiesbaden gegründete Gesellschaft für Grabmalkunst förderte durch Vorträge, Werbeschriften u. Wanderausstellungen eine diesbezügliche Geschmackserziehung. In Bremen initiierte der Direktor des Gewerbemuseums, Emil ➢Högg, gegen die angeblich seelenlose »Friedhofsindustrie« 1909 eine Ausstellung gut gestalteter Grabsteine auf dem Doventorsfriedhof. Die Unterordnung des einzelnen Grabmals unter die Gesamtanlage des Friedhofs, Einschränkung der Repräsentation u. Vereinheitlichung der Grabmalformen setzten später die Friedhofsordnungen durch. Besonders im NS kam es zu einer verschärften Nivellierung der Grabmalkunst. ➢Grabmalreform

Friedhofszwang. Der F. schreibt vor, dass die physischen Reste eines Verstorbenen (Sarg oder Urne) auf dem F. aufzubewahren sind. Ausnahmen bildeten bisher die ➢Seebeisetzung u. die Beisetzung in einem ➢Friedwald. Seit Jahren gibt es kontrovers geführte Diskussionen über eine Lockerung des F. Seit 2015 hat Bremen als einziges Bundesland den F. weitgehend gelockert, indem es »ein Ausbringen der Asche auf dem Gebiet der Freien Hansestadt Bremen außerhalb von Friedhöfen« erlaubt. Allerdings muss die verstorbene Person ihren letzten Hauptwohnsitz im Land Bremen gehabt u. vor ihrem Tod den Ort u. eine Person für diese Beisetzungsform schriftlich bestimmt haben.

Friedwald. Möglichkeit, die Asche Verstorbener in einer biologisch abbaubaren Urne in einem Wald direkt im Wurzelbereich eines Baumes beizusetzen.

Blick in ein Gräberfeld auf dem F.R.

Seriell gefertigte Galvanoplastiken, wie hier die einer sitzendenden Trauernden, prägten um 1900 das Bild der Friedhöfe

Frischen, Christian Hinrich (* 13.7. 1866 Bremen, † 23.3.1935 ebd.), Pädagoge. Der Sohn eines Zigarrenarbeiters baute 1900 ein privates Sprach- u. Handelslehrinstitut auf, wo er u.a. den späteren Reichspräsidenten Friedrich Ebert (1871–1925) unterrichtete. Aufgrund der Ausweitung des staatlichen Berufs- u. Fachschulwesens musste F. 1923 sein Institut schließen.

Auf seiner Grabstätte befindet sich eine der wenigen erhaltenen ➢ Galvanoplastiken des F.R. Die weibliche Allegorie der Trauer sitzt an einem künstlich geschaffenen Felsen aus Oberkirchener ➢ Sandstein. ➢ Trauernde
❖ BB0015/0016

Fritz, Emil (* 25.3.1877 Bühl, † 25.7. 1954 Bremen), Gastronom, Varietébesitzer. 1908 eröffnete der Sohn eines Hutmachers das Varieté Astoria in der Katharinenstraße. Der bis Ende der 1920er Jahre wesentlich erweiterte Betrieb entwickelte sich zu einer renommierten Adresse mit überregionalem Ruf. Stars wie Zarah Leander, Hans Albers, Theo Lingen, später auch Hildegard Knef, Heinz Erhardt u. Brigitte Mira traten hier auf. Im Astoria fiel Ende 1967 der letzte Vorhang.

Eine schmale Stele erinnert an den früh verstorbenen Sohn Hans Emil (1922–31). Die als Hochrelief (➢Relief) herausgearbeitete Knabengestalt streckt beide Hände wie erwartend über den Kopf. Zu ihren Füßen stehen die Worte »Vom Heimatlicht«, über ihr die Inschrift: »Zur Lichtheimat«. ➢Licht
❖ AA0308

Frohmann (Frommermann), Harry Maxim (* 12.10.1906 Berlin, † 29.10.75 Bremen), Musiker. Als Gründer u. Arrangeur der Comedian Harmonists schrieb der Sohn eines jüdischen Kantors seit Ende der 1920er Jahre Musikgeschichte. »Ich wollt' ich wär ein Huhn«, »Mein kleiner grüner Kaktus« oder »Veronika der Lenz ist da« sind bis heute bekannte Ohrwürmer. Schon bald nach dem Machtantritt der Nationalsozialisten erfolgte die erzwungene Trennung der Gruppe, die aus drei jüdischen u. drei nicht jüdischen Mitgliedern bestand. F. emigrierte über Wien in die USA, wo er seinen Lebensunterhalt als Aufnahmeleiter, Hafenpacker, Fließbandarbeiter, Buchhalter, Taxifahrer u. Verkäufer verdiente. Nach erfolglosen Versuchen, ein neues Ensemble

Grabmal zur Erinnerung an Hans Emil Fritz (1922–31)

Die Comedian Harmonists, um 1930 (von links: Robert Biberti, Erich Collin, Erwin Bootz, Roman Cycowski, Harry Frommermann (Frohmann), Ari Leschnikoff)

aufzubauen, lebte er seit Anfang der 1960er Jahre in Bremen.

In der Umrandung des schlichten Familiengrabes seiner Bremer Lebensgefährtin Erika von Späth sind Name und Lebensdaten des genialen Musikers eingelassen. ❖ T0299

Galvanoplastik. G. wie Engel, trauernde Frauen, Christusfiguren usw. prägten das Friedhofsbild um 1900. Durch das spezifische, 1837 erfundene Verfahren der G. war es möglich geworden, Skulpturen in größerer Auflage relativ kostengünstig zu vervielfältigen. In einem Elektrolysebad wird über einen Zementkern eine Metallhaut, meist Bronze, gezogen. Das Sortiment der galvanoplastischen Kunstanstalten (z.B. Württembergische Metallwarenfabrik Geislingen/Steige, WMF), wurde über Kataloge in unterschiedlichen Größen u. Qualitäten vertrieben. Das Ziel der Hersteller, jede Figur nur einmal pro F. aufstellen zu lassen, um den Anschein eines Unikats zu bewahren, konnte nicht immer realisiert werden. Vielfach sind die G. von angesehenen Künstlern entworfen worden. Stark korrosionsanfällig, ist ihre Restaurierung schwierig u. kostspielig. G. werden mittlerweile als schützenswert anerkannt.
Auf dem F.R. finden sich G. auf den Grabstätten Kröncke, eine stehende Trauernde vor Felsen. (❖ BB0007) ➢ Frischen, ➢ Mähl

Streifzüge durch die Welt der Großstadtkinder, Friedrich Gansberg, 1905

Gansberg, Friedrich (Fritz) (* 9.4.1871 Bremen, † 12.2.1950 ebd.), Pädagoge, Schriftsteller. Unter dem Eindruck der Kunsterziehungs- u. Arbeitsschulbewegung entwickelte sich G. zu einem bedeutenden Reformpädagogen u. pädagogischen Schriftsteller. Er

Galvanoplastik einer Trauernden auf der Grabstätte der Familie Kröncke ❖ B0007

Familie Kröncke
Heinrich Ernst Kröncke
geb. 11. Aug. 1875 gest. 26. Juni 1909
Cathrina Elise Kröncke
geb. Ohlckers
geb. 9. Okt. 1839 gest. 16. März 1926
Werner Kröncke
geb. 28. Febr. 1904 gest. 7. Nov. 1907
J. F. Wilhelm Kröncke
geb. 13. Okt. 1873 gest. 15. Dez. 1953
Anna Kröncke
geb. Uhlenhoff
geb. 7. Juni 1880 gest. 26. Nov.
Alfred Kröncke
geb. 7. April 1881 gest. 18. Dez. 1964
Friedel Kröncke
geb. Guttzeit
geb. 4. Sept. 1888 gest. 23. April 1978
Alexa Kröncke
geb. 11. Mai 1966 gest. 13. Mai 1966
Ingrid Kröncke
geb. Haase
geb. 24. Aug. 1925 gest. 27. Dez. 2007
Wilhelm Kröncke
geb. 3. Aug. 1924 gest. 21. Nov. 2010

Der Grabstein des Familiengrabes Kirchhoff, nun Gedenkstein in der Nähe der früheren Grabstätte am See

wandte sich gegen den herkömmlichen Unterricht mit seinen trockenen Beschreibungen isolierter Dinge u. forderte lebensnahe u. kindgerechte Schilderungen. Sein Schulbuch »Bei uns zu Haus, eine Fibel für kleine Stadtleute« (1905), leitete die moderne Fibelliteratur ein. Zudem war er Mitbegründer u. -herausgeber der pädagogischen Zeitschrift »Roland« (1905–14). ❖ X0393

Gartenarchitektur, Friedhof Riensberg. In Bremen wurde 1872 ein Gestaltungswettbewerb für den F.R. ausgeschrieben, den der Landschaftsgärtner u. Gartenarchitekt Carl ➢Jancke aus Aachen gewann. Der Entwurf orientierte sich ausdrücklich an nordamerikanischen F. wie New York u. Cincinnati. Er war im sogenannten gemischten Stil gehalten, der bei der Gestaltung durch Pflanzen, Wege, Bodenmodellierungen, Architekturelementen u. Wasser sowohl streng geometrische als auch freie landschaftliche Formen verband. So wechseln sich hier formale, architektonisch geprägte Bereiche mit landschaftlich gestalteten Partien ab. 1882 wurde Wilhelm ➢Benque mit der gartenkünstlerischen Leitung des F.R. u. Friedhofs Walle beauftragt. ➢Friedhofsanlage ➢Parkfriedhof

Gedenkstein, auch Gedenkplatte. Auf mehreren Gräbern sind G. oder Eingravierungen angebracht, die an Verstorbene erinnern, die

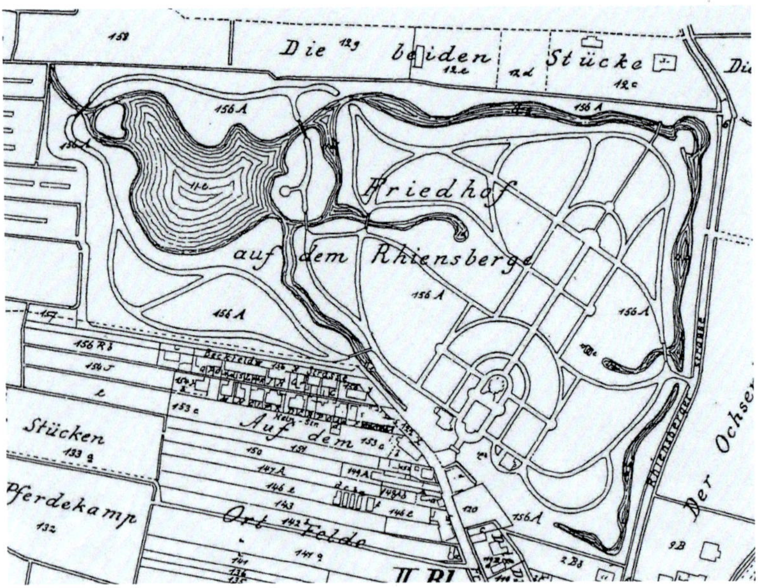

Korrigierter Entwurfsplan von Carl Jancke, Aachen 1872. Der Haupteingang wurde von der Riensberger Straße weg an die Friedhofsstraße verlegt

nicht hier begraben sind. So ist der ehemalige Grabstein der Familie ➢Kirchhoff am See mittlerweile ein Gedenkstein, da das Grab aufgelöst ist. Grabstätte ➢Dietz Edzard

Gehölze. Der ernste Charakter des F. sollte durch Laubgehölze abgemildert werden, die durch ihren biologischen Rhythmus Werden, Vergehen u. Wiedererstehen versinnbildlichen, wie die Lindenalleen auf dem F.R. Immergrüne Nadelbäume u. immergrüne Gehölze sorgen für ein beständiges Grün. In früheren Zeiten waren sie aufgrund ihrer ganzjährigen grünen Blätter auch Symbole des ewigen Lebens. Bei der Neuanlage des F.R. 1875 wurden zahlreiche exotische Bäume gepflanzt. Beeindruckend sind nach wie vor die vier über 20 m hohen ➢Thujen (Lebensbäume) am Haupteingang vor der Kapelle (siehe Abb. S. 61), von denen eine später nachgepflanzt wurde. Ebenfalls aus der Anfangszeit stammt der Mammutbaum (Sequoiadendron giganteum) am Grab von Carl Moritz ➢Hoffmann im Gräberfeld Q. Eine 1914 gepflanzte alte Kaukasische Flügelnuss (Pterocarya fraxinifolia) steht im Gräberfeld S. Mehrere Urwelt-Mammutbäume (Metasequoia glyptostroboides) wurden um 1973 auf dem ➢anonymen Gräberfeld gepflanzt. Heute finden sich im Randbereich überwiegend Hainbu-

Urwelt-Mammutbäume wurden um 1973 gepflanzt

Blick über den See

chen, ➢ Eichen u. Eschen, als Solitärbäume Buchen, Blutbuchen, Birken u.a. ➢ Bepflanzung ➢ Fichten

Gestirne ➢ Symbole

Gewässer. Der F.R. liegt im Einzugsbereich der Kleinen Wümme u. hat einen hohen Grundwasserspiegel, weshalb eine Dränage notwendig wurde. Ursprünglich umfasste ein breiter Wasserzug, begleitet von dichten Eichenhainen, fast die gesamte Anlage. Das G. diente primär als Sammler für das Dränagesystem in den Grabfeldern. Geschwungene Gewässerarme führten von dem umgebenden Graben bis an den architektonisch gestalteten Mittelbereich heran. Alle Wasserzüge standen mit dem großen buchtenreichen ➢ See im Westen des F. in direkter Verbindung. In den letzten Jahren sind einige von ihnen aufgrund des nicht mehr funktionierenden Dränagesystems verlandet. 2015 beträgt die Gesamtfläche der Teiche u. Seen etwa 17.000 m^2, die der Gräben 10.000 m^2. ➢ Wasserreinigung

Gildemeister, Eberhard (* 19.7. 1897 Bremen, † 3.6.1978 ebd.), Architekt. Der Sohn von Eduard ➢ G. gewann 1928 mit seinem Bruder Hermann den Wettbewerb für das Verwaltungsgebäude der Nordwolle (später Haus des Reichs, seit 1945 Sitz des Finanzsenators), das

Die St. Remberti-Kirche entstand 1950/51 nach Plänen von Eberhard Gildemeister

Die am See gelegene Grabstätte Gildemeister ist über eine Treppe zugänglich

auf deren Planungsgrundlage realisiert wurde. Weitere bekannte Bauten von G. sind der legendäre Kiefert-Wurst-Pavillon am Bremer Hauptbahnhof, der vor einigen Jahren neuen Planungen weichen musste, u. die St. Remberti-Kirche in Schwachhausen.
❖ R0089/0090

Gildemeister, Georg Eduard (* 5.2.1848 Bremen, † 6.9.1946 Oldenburg), Architekt. Seit 1878 arbeitete G. in Gemeinschaft mit Henrich Deetjen (bis 1886) u. Wilhelm Sunkel (1892–1912). Er prägte durch den Bau repräsentativer Privathäuser bremischer Kaufleute weite Teile des Bremer Stadtbildes. Um 1900 gestaltete G. die Sandsteinfassade der Bremer Kunsthalle. Er war Mitbegründer des Bundes Deutscher Architekten (BDA).
❖ R0089/0090

Gildemeister, Heinrich August (* 14.6.1840 Bremen, † 23.8.1907 Bad Oeynhausen), Kaufmann. G. war Teilhaber von Firmen in Peru, Chile u. Bremen.

Das ➢ Familiengrab liegt in exponierter Lage am ➢ See des F.R. Im Mittelpunkt steht eine übermenschlich große Figur aus der römischen Mythologie. Dargestellt ist die Schicksalsgöttin Morta, während sie den Schicksalsfaden zerschneidet. Den Entwurf des Grabmals schuf Fritz

Johann Matthias Gildemeister: Kaufmann, Senator, Landvermesser

➢ Behn, umgesetzt wurde er von Otto ➢ Blendermann.
❖ EE0001–0012

Gildemeister, Johann Matthias (* 11.9.1753 Bremen, † 9.2.1837 ebd.), Kaufmann, Ratsherr/Senator. Neben der beruflichen Tätigkeit als Tuchwarenhändler galt sein Interesse der Technik u. Astronomie. G. war ein enger Freund von Wilhelm ➢ Olbers. Bedeutung erlangte er vor allem durch die trigonometrische Vermessung des bremischen Staates, die er 1790–98 gemeinsam mit Bürgermeister Christian Abraham Heineken durchführte. Das Resultat waren zwei als »musterhaft« u. »einzig in ihrer Art« gelobte topografische Karten der Hansestadt u. ihres Landgebietes. Nach Auflösung der alten Friedhöfe erfolgte die ➢ Umbettung des Grabes auf den F.R.
❖ R0161

Gildemeister, Otto (Pseudonym Giotto) (* 13.3.1823 Bremen, † 26.8.1902 ebd.), Senator, Bürgermeister, Journalist, Übersetzer. Nach abgeschlossenem Studium arbeitete G. seit 1845 bei der Bremer Weser-Zeitung. Parallel dazu begann er seine politische Laufbahn, u.a. vertrat er Bremen im Bundesrat u. hatte in den Jahren 1871 u. 86 mehrmals das Bürgermeisteramt inne. G. übersetzte Werke der Weltliteratur, so das Gesamtwerk des britischen Dichters Lord Byron, Stücke von Shakespeare u. Dante Alighieris »Göttliche Komödie«.

Das im Zentrum der Grabanlage stehende ➢ Relief aus ➢ Marmor schuf der Münchener Bildhauer Georg ➢ Roemer. In Anlehnung an eine griechisch-römische Grabstele sind in einer Art Huldigungsszene eine junge Frau u. ein alter Mann dargestellt.
❖ W0013/0014

Otto Gildemeister

Marmorrelief von Georg Roemer auf dem Grab von Otto Gildemeister

Grabbepflanzung. Eine solche wurde erst mit der Vergabe von Einzelgräbern Anfang des 19. Jh. auf F. üblich. Zunächst wurden Blumen aus dem eigenen Garten, dann zunehmend ➢Symbolpflanzen verwendet. Dabei gibt es regionale Vorlieben oder Bezüge zum Verstorbenen. Es setzte sich die Vorstellung der Grabstätte als ein kleiner Garten durch, der durch ➢Grabgitter oder durch geschnittene Hecken wie Buchsbaum eingefriedet wurde. Beliebt auf dem F.R. sind ➢Rosen. Mitte des 19. Jh. begann der Ersatz natürlicher Pflanzen durch Kunstblumen, die mittlerweile untersagt sind. Im Laufe der Zeit entwickelten sich typische Grabpflanzen wie Begonien oder Wermut. Bevor eine intensive ➢Grabpflege betrieben wurde, kam es teilweise auch zu Wildwuchs. Heute müssen Grabdekorationen, wie z.B. Gestecke, prinzipiell aus vergänglichem Material hergestellt sein.

Grabfeld ➢Friedhofsplan

Grabgitter. Seit Mitte des 19. Jh. wurde es üblich, Grabstätten mit G. oder mit Ketten, Pfosten bzw. Steinen einzuzäunen. Die G. schützten Grabstätten u. Bepflanzung, aber darüber hinaus waren sie, kunstvoll gestaltet, ein wichtiges Schmuckelement. Angeregt durch die Friedhofsreform, wurden G. im 20. Jh. verboten u. mehr u. mehr durch Natursteineinfassungen ersetzt. Auch dienten niedrige Hecken zur Grabeinfassung. Im 2. WK wurden die verbliebe-

Die Grabbepflanzung auf dem F.R. ist vielfältig. Neben üppig bepflanzten Gräbern finden sich pflegeleichtere Varianten mit immergrünen Gehölzen. Die beliebten Begonien benötigen wenig Wasser

Viele Grabstätten waren mit reich verzierten Grabgittern umgeben

nen G. teilweise enteignet u. für die Rüstungsindustrie eingeschmolzen. Heute sind die erhaltenswerten Gitter durch Verwitterung u. durch ➢ Metalldiebstahl bedroht. Viele der ehemaligen Gittereinfassungen auf dem F.R. existieren von daher nicht mehr.

Grabinschrift. Die Beschriftung eines Grabmals, insbesondere mit dem Namen u. den Lebensdaten des Verstorbenen, macht es individuell u. unverwechselbar. Neben den Angaben zur Person finden sich auf dem F.R. nur wenige biblische Texte oder fromme Wünsche. Oft findet sich der Name kombiniert mit einem ➢ Symbol, manches Mal auch mit einem ➢ Porträt. Vielfach wird die Schrift als Relief zum wichtigsten dekorativen Motiv. Grabmal des Arztes Eduard ➢ Kulenkampff (1850–1916) mit dem Symbol des Äskulapstabs ❖ X0052

Grabkreuz ➢ Grabmalformen

Grabmal, auch Grabdenkmal. Bei einem G. handelt es sich um ein unvergängliches Grabzeichen aus dauerhaftem Material wie Stein, Metall oder Holz auf einer einzelnen Grabstätte. Es setzte sich eigentlich erst gegen Ende des 18. Jh. durch u. diente verstärkt dem individualisierenden Gedenken der Verstorbenen. Mit der industriellen Fertigung von G. wurden diese für jedermann erschwinglich. Zugleich wurden sie im Verlauf des 19. Jh. verstärkt durch Größe u. prunkvolle Ausstattung

Dieses Grabdenkmal von Eduard Kulenkampff (❖X0052) ist reich dekoriert mit Schrift und Symbolen

zur sozialen Abgrenzung eingesetzt. Gegen die »Monumentenwut« entwickelte sich um 1900 eine Bewegung zur ➢Grabmalreform. Ein G. zu setzen ist keine Pflicht. Heute wird vielfach darauf verzichtet u. eine ➢anonyme Bestattung vorgezogen.

Grabmalfigur. Erst im 19. Jh. wurden G. bei der Grabmalgestaltung des Bürgertums vermehrt eingesetzt. Sie wurden von ➢Steinmetzen vielfach nach Entwürfen von Bildhauern gefertigt oder schlicht kopiert. Eine größere Verbreitung erfuhren sie durch die serielle Fertigung von ➢Galvanoplastiken.

Grabmalformen. Neben der Stele (höher als breit) u. dem ➢Breitstein (breiter als hoch), ist das ➢Grabkreuz eine allgemein verbreitete Form historischer Grabmale. Das Großbürgertum bediente sich darüber hinaus vielfach klassizistischer Formen wie ➢Säule, ➢Pfeiler bzw. Zippus, ➢Fialturm u. ➢Obelisk u. machte Anleihen aus der Architektur wie der antiken ➢Aedikulaform u. dem ➢Mausoleum. Die aufwändigen Monumente beherrschen auf dem F.R. die Hauptwege u. den See. Darunter finden sich repräsentativ gestaltete ➢Grabwände, vielfach aber auch die ganze Grabstätte bedeckende ➢Grabplatten. Ende des 19. Jh. wurden vermehrt ➢Findlinge u. Felsen als Ausdruck der Verbindung von Natur u. Mensch eingesetzt. Durch die ➢Friedhofsreformbewegung setzte sich eine Vereinheitlichung u. Nivellierung

Heute werden vielfach persönliche Symbole in die Grabgestaltung integriert, wie hier eine Gitarre

der Grabmale durch. In Bremen haben sich Grundsätze der Grabmalgestaltung in Verbindung mit der Anlage des 1920 eröffneten F. Osterholz als »Richtlinien« entwickelt u. waren bis in die 1980er Jahre mit relativ engen formalen Beschränkungen wirksam.

Grabmalpatenschaft. Viele der künstlerisch u. kulturgeschichtlich wertvollen Grabstätten auf dem F.R. sind nicht mehr in Familienbesitz. Um sie langfristig zu erhalten, gibt es die Möglichkeit der G., d.h. der Nutzung als eigene Grabstätte mit der Auflage, diese in ihren Grundzügen zu erhalten.

Grabmalplastik. Man unterscheidet ➢Grabmalfiguren, die aus Naturstein geschlagen werden, u. Plastiken u. Reliefs aus Bronzeguss. Eine Sonderform hierbei ist die ➢Galvanoplastik. Unter den G. aus Stein sind die Grabstätten bemerkenswert: ➢Pflüger (Trauernde von Friedrich ➢Müller), ➢Höpken (Hoffnung von Carl ➢Steinhäuser), ➢Isenberg (Christusfigur), ➢Schmiedell (Amor u. Psyche des römischen Bildhauers Ernesto ➢Gazzeri), ➢Teichmann (Engel von ➢Kropp), ➢Hachez (Hoffnung von ➢Kalmsteiner), ➢Upmann (Hoffnung von ➢Sommer), ➢Wätjen (Bronzebüste von ➢Dausch).

Grabmalreform. Die durch die ➢Friedhofsreformbewegung hervorgerufene G. brachte in Bremen eine relativ einheitliche Stil-

Im Eingangsbereich des F.R. zeigt eine Mustergrabanlage, gestaltet durch Steinmetze und Friedhofsgärtnereien, Grabgrößen und Möglichkeiten der Grabgestaltung

richtung der Reformgrabsteine hervor, nämlich Stelen mit einer Höhe von 0,9–1,2 m mit schlichter u. eher geometrischer Form. Diese zeichnen sich durch Symmetrie u. Proportion aus, wie z.B. beim Grabmal Carl ➢ Barkhausen. Traditionelle Elemente wurden stilisiert integriert, wie beim Grabmal ➢ Erdmann-Jesnitzer oder ➢ Müller-Scheessel. Beliebtestes Material in Bremen war neben dem Obernkirchener ➢ Sandstein der ➢ Muschelkalkstein mit seiner eigenen lebendigen Struktur.

Grabpflege. An der Wende vom 19. zum 20. Jh. beschritten Gärtner den Weg der Spezialisierung zum Friedhofsgärtner. Sie mussten sich gegen die städtische Friedhofsverwaltung durchsetzen, in deren Obhut die gärtnerische Grabgestaltung bis dahin lag. Erst in den 1930er Jahren wurden private Unternehmen generell zugelassen. Nach 1945 bildete sich eine Fachgruppe der Friedhofsgärtner im Zentralverband Gartenbau, heute: Bund deutscher Friedhofsgärtner (BdF) im Zentralverband Gartenbau e.V. Zahlreiche Friedhofsgärtnereien befinden sich in der dem F.R. nahe gelegenen Friedhofstr. Sie haben sich auf den Handel mit Blumen u. die Dienstleistung der Grabpflege spezialisiert. An den einzelnen Gräbern verweist ein Zeichen auf den ausführenden Betrieb.

Grabplatte. Aus der calvinistischen Tradition stammend, sind G., die die ganze Grabstätte abdecken, auf dem F.R. zahlreich vertreten. In den Familiengrabstätten dienen liegende G. der Verzeichnung der Namen weiterer Familienmitglieder, so z.B. im Familiengrab von Gustav Cornelius ➢Melchers. ➢Grabmalformen ❖AA0036

Grabschändung. Die Störung eines Grabes u. der Totenruhe.

Grabstätte, auch einfach Grab. Bei der G. handelt es sich um eine Fläche für die Beisetzung von Särgen oder Urnen mit einer oder mehreren ➢Grabstellen oder um eine Nische im ➢Kolumbarium. Sie ist ein Ort der Erinnerung u. ihre Auswahl stark individuell geprägt.

Grabstein. Grabzeichen aus Naturstein. Oft synonym mit Grabmal u. Grabdenkmal verwendet. Ein beliebtes Material auf dem F.R. war der Obernkirchener ➢Sandstein. Aber auch dunkle Tiefengesteine wie Granit sowie Marmor u. andere Sandsteine waren üblich. Mit der ➢Friedhofsreform fand der ➢Muschelkalkstein große Verbreitung.

Grabstelle. G. meint die Position auf einer ➢Grabstätte, an der ein Sarg oder eine Urne beigesetzt werden.

Rechts: Grabstätte von Ernst und Else Grohne, geb. Hempelmann

Grabwand. Mehrfach gegliederte G. sind eigenständige freie Architekturen, die auf dem F.R. vielfache Ausprägungen erfahren haben. Oft sind sie hier dreiteilig u. integrieren die Form einer ➢Aedikula. Eine zweite Blüte erlebte die G. im ➢Jugendstil, der die traditionelle Form mit Jugendstilelementen kombinierte.

Grohne, Ernst (* 14.3.1888 Eiterfeld b. Hünfeld, † 24.9.1957 Fulda), Prof. Dr., Museumsdirektor. Nach einem Studium der Geschichte, Sprachwissenschaften u. Geografie ging G. 1914 als Assistent ans Museum für Hamburgische Geschichte. 1924 übertrug man ihm die Direktorenstelle des Gewerbe- u. Focke-Museums in Bremen, die er zusammenführte u. 1927 neu eröffnete. G., seit 1933 Denkmalpfleger, lehrte zudem an der Nordischen Kunsthochschule (heute Hochschule für Künste). Während des 2. WK rettete er durch Auslagerung die Bestände des völlig zerstörten Museums. Dessen Wiedereröffnung erfolgte 1953 im ➢Haus Riensberg. G. begleitete die Planungen für den Neubau eines Landesmuseums, dessen Eröffnung (1959) er selbst nicht mehr erlebte.
❖U0151

Grommé, Georg Wilhelm (29.10. 1836 Bremen, 23.6.1901 St. Petersburg), Kaufmann. Die Grabstätte ist wegen ihrer Größe (ca. 7 m breit, 6 m hoch) u. besonderen Gestal-

PROF. DR. ERNST GROHNE
1888-1957
UND SEIN
MAIDLI
1893-1980
BLUHEN - FRUCHTEN - VERGEHEN
ZEITLOSER WANDEL - EWIGES GESCHEHEN
UND DOCH KEIN SICH WIEDERVERLIEREN
KEIN ZIELLOSES WANDERN - EIN WISSEN VOM
EINEN ZUM ANDERN - EIN SICH FÜHLEN UND
SICH FASSEN - NICHT VON EINANDER LASSEN
EIN IMMER WÄHRENDES - LIEBE NÄHRENDES
UNHEIL ABWEHRENDES SICH GEHOREN

Grabstätte der Familie Grommé, 1978

tung ein imposantes Gesamtkunstwerk. Auf dem mehrfach gestaffelten Unterbau, versehen mit Inschrifttafeln u. Engelsköpfen am Metallgeländer, erhebt sich ein Sockel, darüber ein ➢ Obelisk, der durch ein Kreuz bekrönt wird. Auf halber Höhe steht ein ➢ Engel mit Strahlenkrone in scheinbar schwebender Haltung. Die Anlage ist mit einem reich verzierten ➢ Grabgitter eingefasst. Johann ➢ Poppe zeichnete für den Entwurf, August ➢ Sommer für die Umsetzung verantwortlich.
❖ AA0179

Gruft. Bei dieser ➢ Bestattungsart wird der Sarg oder die Urne nicht der Erde übergeben, sondern in einem eigens hergestellten Raum beigesetzt.

Grunow, Eduard (* 28.2.1869 Berlin, † 21.12.1954 Bremen), Dr. jur., Jurist. 1920 kam der erfahrene Verkehrsfachmann nach Bremen u. wurde unter Senator Hermann ➢ Apelt in die Deputation für Häfen u. Eisenbahnen berufen. In dieser Position förderte G. den Ausbau der Eisenbahnanschlüsse für die bremischen Häfen u. damit ihre Wettbewerbsfähigkeit. 1934–42 war er Präsident der Behörde für Verkehr, 1942–45 für das Bauwesen zuständig.
❖ Q0134

Gut Riensberg. Das heutige Haus Riensberg des Bremer Landesmuseums für Kunst und Kulturgeschichte (Focke-Museum) befand sich seit dem Mittelalter im Besitz einflussreicher u. vermögender Bremer Familien, bevor es 1792 in den Besitz der Familie von Post überging. Das dazugehörige Ackerland entstand durch ehrgeizige Entwässerungsprojekte holländischer Unternehmer. Margarethe (Metta) von ➢ Post verkaufte 1871 fast die Hälfte des gesamten Landbesitzes an den Bremer Senat. Ihre Bedingung: Das Areal müsse zur Anlage eines F. verwendet werden, keineswegs zur Errichtung einer Gasanstalt, für Fabrik- oder Wirtschaftsanlagen. ➢ Friedhofsgeschichte

Hachez, Josef Johannes Arnold (* 24.5.1828 Bremen, † 4.1.1901 ebd.), Kaufmann, Reeder. H. entstammte einer katholischen Kaufmannsfamilie, die 1771 von Brügge nach Bremen emigriert war. Als Teilhaber der Reederei u. Überseehandlung D. H. Wätjen, die zeitweilig mit 120 Segelschiffen Europas größte Reederei darstellte u. seinem Schwiegervater gehörte, brachte er es zu erheblichem Wohlstand. Das kinderlose Ehepaar trat mit großzügigen Spenden in Erscheinung. H. Großcousin Joseph Emil H. (1862–1933) gründete 1890 mit Gustav Linde die Bremer Chocoladen-Fabrik Hachez & Co. Sein Grab ist nicht erhalten.

Die Figur der Hoffnung schuf der Wiener Bildhauer Johann ➢ Kalmsteiner. Ihre leere Hand steht symbolisch für den Verlust alles Irdischen u. die Erwartung eines himmlischen Heils. ➢ Grabmalfigur
❖ W0265/0268

Die Figur der Hoffnung der Grabstätte Hachez schuf der Wiener Bildhauer Johann Kalmsteiner

Hackfeld, Johann (* 26.12.1856 Bookholzberg, † 27.8.1932 Oberglottertal), Kaufmann. Nach einer kaufmännischen Ausbildung ging H. nach Hawaii, wo sein Onkel Hinrich H. eine Reederei u. Zuckerrohrplantagen besaß. Als Teilhaber der Fa. Hackfeld & Co. übernahm er nach dem Tod von Paul ➢ Isenberg die Geschäftsführung. Die Firma, die vor allem mit Zucker, aber auch Tabak, Kaffee u. Dünger handelte, entwickelte sich zum bedeutendsten Handelshaus in der Südsee. Nach der Beschlagnahmung durch die USA während des 1. WK kehrte H. nach Bremen zurück. 1928 ermöglichte er es dem Christlichen Verein Junger Männer (CVJM), ein eigenes Vereinsheim zu kaufen. Das 1955 neu errichtete Gebäude in der Birkenstraße trägt seitdem den Namen Konsul-Hackfeld-Haus. ➢ Pflüger
❖ Z0329

August-Friedrich Hagedorn, 1964

Hagedorn, August-Friedrich (* 2.8. 1888 Bremen, † 24.12.1969 ebd.), Präsident der Bremischen Bürgerschaft. H., der seit 1906 bei der AOK beschäftigt war, wurde wegen seiner vielfältigen politischen Aktivitäten, u.a. Gewerkschaft, SPD/USPD, 1933 entlassen u. vorübergehend in »Schutzhaft« genommen. Nach Jahren als freiberuflicher Steuerberater trat er 1945 wieder in den Dienst der AOK ein u. wurde drei Jahre später ihr Direktor. Von 1946–66 u. damit über 5 Wahlperioden hatte er das Amt des Präsidenten der Bremischen Bürgerschaft inne. Er war maßgeblich beteiligt am Neubau des 1966 eröffneten Hauses der Bürgerschaft.
❖ EE0368/0369

Otto Hartwich, Foto um 1908

Hammerschlag, August (* 26.8. 1850 Bremen, † 22.9.88 ebd.), Kaufmann. Die Familiengrabstätte aus der 2. Hälfte des 19. Jh. zählt zur Gruppe der architektonischen Grabmäler mit reichen historisierenden Motiven. Im Portalbogen des Sakralbaus, der aus Obernkirchener ➢ Sandstein u. in Form einer gotischen Kirche errichtet ist, steht vor der geschlossenen Rückwand ein Kruzifix mit gekreuzigtem Jesus.
❖ U0136/0138

Rechts: Grabstätte der Familie Hammerschlag in Form einer gotischen Kirche

Hartwich, Gustav Otto David (* 22.8. 1861 Swinemünde, † 23.11. 1948 Drevenack, Krs. Rees), Pastor. Nach seinem Theologiestudium kam H. 1894 nach Bremen in die Gemeinde Walle. 1909 erfolgte seine Berufung an den Bremer Dom. Als Mitglied im Protestantenverein prägte er das nationalprotestantische Milieu in Bremen.

Den 1. WK theologisch unterstützend, wandte er sich nach Kriegsende mit seinem 1919 gegründeten Volksbund »Rettet die Ehre« propagandistisch gegen den Versailler Vertrag. 1926–32 war H. als Schriftführer der BEK ihr oberster Repräsentant. Als Vorstandsmitglied des ➢ Vereins für Feuerbestattung u. Autor der Schrift »Religion u. Feuerbestattung«, setzte er sich für die Einführung der fakultativen Feuerbestattung ein.
❖ B0187/0188

Haus Riensberg ➢ Gut Riensberg ➢ Post

Hauschild, Adolf (* 11.11.1868 Bremen, † 25.8.1950 ebd.), Druckereibesitzer. H. führte den Betrieb, den sein Vater Heinrich Moritz (1825–1904) 1855 gemeinsam mit dem Buchdrucker Christoph Diedrich Bünsow (Bünsow & Hauschild) gegründet hatte, nach dessen Tod weiter. Zunächst gemeinsam mit seinem Bruder Victor (1856–1933). Durch die Einführung technischer Innovationen u. neuer Vermarktungsideen

INRI

Adolf Hauschild in seiner Druckerei, 1950

wurde er zur treibenden Kraft des Unternehmens. Nach dem zwischenzeitlichen Verkauf an den HAG-Konzern führten seit 1982 zwei leitende Mitarbeiter die Firma weiter. Der renommierte Bremer Verlag bestand bis Ende 2013.
❖ AA0396

Heineken, Friedrich Wilhelm (* 18.10.1787 Bremen, † 2.4.1848 ebd.), Dr. jur., Senator. Der Sohn des Bremer Bürgermeisters Christian Abraham H. war als Senator unter Bürgermeister Johann ➢ Smidt maßgeblich an der Gründung Bremerhavens beteiligt.

Die Grabstelle wurde 1877 von einem der geschlossenen alten Friedhöfe überführt. ➢ Überführung
❖ T0637/0638

Heineken, Sara Agnes (* 13.7.1872 Bremen, † 5.7.1954 ebd.), Pädagogin. Seit 1903 als Oberlehrerin in Bremen u. Vegesack unterrichtend, engagierte sich H. politisch für eine Reform der Mädchenbildung u. des Frauenstimmrechts. Ab 1918 stand sie den Schulen des Frauen-Erwerbs- u. Ausbildungsvereins als Direktorin vor u. war an der Gründung von zahlreichen Fach- u. Berufsbildungsanstalten für Mädchen u. Frauen beteiligt. Sie gehörte zur Fraktion der Deutschen Demokratischen Partei (DDP), war Mitglied der Bremischen Nationalversammlung u. Mitglied der Bremischen Bürgerschaft. 1933 erfolgte ihre zwangsweise Entlassung durch die Nationalsozialisten. 1946 war die Frauenrechtlerin Gründungs- u. Vorstandsmitglied des Bremer Frauenausschusses.
❖ J0139

Sara Agnes Heineken, um 1935

Grabmal Herzog/Laufs

Herdentorsfriedhof ➢ Friedhofsgeschichte

Herzog, Johannes Carl (* 31.10. 1834 Bremen, † 23.2.1917 ebd.), **Herzog, Laurenzius Christoph** (* 2.3.1831 Bremen, † 29.8.1913 ebd.), Fotografen, Fabrikanten. 1866 gründete Johannes Carl H. im damaligen Bremer Vorort Hemelingen einen fotochemischen Spezialbetrieb, in den 1880 sein Bruder einstieg. Die Fa. Johann Herzog & Co., seit 1907 von den Söhnen des älteren Bruders geleitet, brachte verschiedene innovative Produkte auf den Markt. So 1901 den 1. deutschen Tageslichtrollfilm u. 1929 das Duxochrom-Farbverfahren, das die Herstellung naturfarbiger Papierbilder ermöglichte.

Das Grabmal Herzog/Laufs besteht aus drei Granitfindlingen. Für ihren Transport aus der Lüneburger Heide musste im Jahr 1914 wegen des enormen Gewichts eine Brücke verstärkt werden. ➢ Grabmalformen
❖ EE0288/0233

Schachtel für Herzog Ortho-Isodux Fotoplatten, um 1930

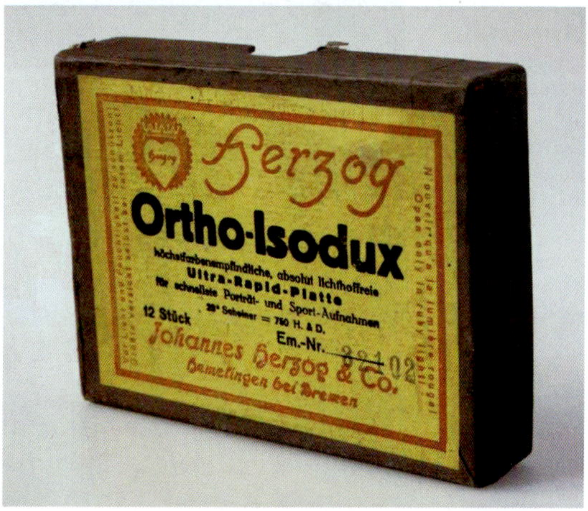

Prof. Dr. Rudolf Hess, um 1930

Hess, Rudolf (* 22.2.1886 Worms, † 25.8.1962 Bremen), Prof. Dr. med., Arzt, Direktor der Bremer Kinderklinik. 1928 übernahm H. die Leitung der Kinderabteilung an der Bremer Krankenanstalt. An den nun beginnenden Planungen für den ersten Neubau einer Kinderklinik an der Friedrich-Karl-Straße war der Arzt maßgeblich beteiligt. Kurz vor der Eröffnung (Oktober 1934) hatte ihn die nationalsozialistische Regierung aus rassischen Gründen in den Ruhestand versetzt. Seine bevorstehende Deportation überlebte H. in einem Versteck in der Lüneburger Heide. Von Mai 1945 bis 1955 war H. abermals Direktor der Bremer Kinderklinik. Sie trägt seit 1966 zu seinen Ehren den Namen Professor-Hess-Kinderklinik.

Der Stein des aufgelösten Grabes steht zum Gedenken in der Pflanzung hinter der ehemaligen Grabanlage.
❖ FF0246.

Heymel, Alfred Walter (* 6.3.1878 Dresden, † 26.11.1914 Berlin), Schriftsteller, Verleger. 1880 wurde der als Walter Hayes Misch geborene H. von dem begüterten Bremer Kaufmann Adolph H. (1822–1890) adoptiert. Mit seinem Freund u. Cousin Rudolf Alexander ➢ Schröder u. Otto Julius Bierbaum gründete H. 1899 die Zeitschrift »Die Insel«. Aus ihr ging 1901 der gleichnamige Verlag hervor. Sein Haus in der Riensberger Straße, wo er seit 1904 mit seiner Frau wohnte, war Treffpunkt der Künstlervereinigung Goldene Wolke.

Heymels Grab mit dem Jugendstilsymbol der aufrecht stehenden Fackel

Auf dem von ➢Behn geschaffenen ➢Grabmal aus ➢Muschelkalk findet sich neben dem ➢Jugendstilsymbol einer aufrecht stehenden Fackel ein zweimastiges Segelschiff in einem Oval. Letzteres ist bis heute das Signet des Insel-Verlags.
❖ U0120

Hildebrand, Adolf Ritter von (* 6.10.1847 Marburg, † 18.1.1921 München), Bildhauer. Die Plastiken u. Skulpturen des bedeutendsten deutschen Bildhauers zu Anfang des 20. Jh. tragen klassizistische Züge u. sind gekennzeichnet durch eine klare, reduzierte u. ruhige Formgebung. H. schuf das Grabmal Franz ➢Schüttes u. das Bismarck-Denkmal neben dem Bremer Dom.

Hildebrand, Hermann (* 27.9.1849 Münden, † 6.10.1939 Bremen), Dr. jur., Jurist, Senator, Bürgermeister. H., dessen Interesse u. Engagement dem Wohlfahrtswesen galt, begründete u.a. die Zentrale für private Fürsorge u. stand dem Landesverband des Deutschen Roten Kreuzes vor. Zwischen 1918 u. 20 wurde er zweimal zum Bürgermeister gewählt. 1922 begründete er die Bremer Nothilfe, aus deren Leitung ihn die Nationalsozialisten 1933 entfernten. Das 1941 als Säuglings- u. Waisenheim eröffnete Hermann-Hildebrand-Haus in Bremen-Oberneuland trägt bis heute seinen Namen.
❖ X0432

Hinter der Grabanlage der Familie Hoffmann steht einer der dicksten Mammutbäume Deutschlands

Historismus. Stilepoche in der Kunst des 19. Jh., die sich durch die Wiederaufnahme historischer Kunstformen wie der Gotik, des Barocks oder des Klassizismus auszeichnete, diese kombinierte u. variierte. Auf dem F.R. ist der Neoklassizismus vorherrschend, jedoch finden sich auch neogotische u. neobarocke Grabdenkmäler.

Hoffmann, Carl Moritz (* 1.2. 1878 Bremen, † 12.7.1929 ebd.), Kaufmann. Seit 1904 war H. Teilhaber der Rohtabakfirma Hoff-

Porträtrelief von Ottilie Hoffmann, 1920er Jahre

mann & Leisewitz, die 1833 von seinem gleichnamigen Großvater (1809–70) mitbegründet, sich zu einer der bedeutendsten im bremischen Rohtabakhandel entwickelte.

Die aus Obernkirchener ➢ Sandstein gearbeiteten Grabsteine werden durch ein gusseisernes ➢ Grabgitter mit floralen Motiven in spätklassizistischer Tradition umschlossen. Der Mammutbaum wurde 1875 bei der Anlegung des Grabes gepflanzt. ➢ Gehölze
❖ Q0286–0287a/0409–0410a

Hoffmann, Ottilie (* 14.7.1835 Bremen, † 20.12.1925 ebd.), Pädagogin. Angeregt von dem durch Luise Otto 1865 ins Leben gerufenen Allgemeinen Deutschen Frauenverein gründete H. zwei Jahre später zusammen mit Marie Mindermann, Henny Sattler u. Sophie Mohn einen Frauen-Erwerbs- u. Ausbildungs-Verein in Bremen. Er wurde schnell zum Zentrum der von Bürgerinnen getragenen Bremer Frauenbewegung. Außerdem engagierte sich H. in der Mäßigkeitsbewegung u. gründete den Bremer Verein für alkoholfreie Speisehäuser (1905). Die auf dessen Initiative hin entstandenen alkoholfreien Volks-, Kaffee- u. Speisehäuser wurden später nach H. benannt.

Das Grabmal trägt in der Mitte ihr ➢ Porträt. Der Künstler ist unbekannt.
❖ S0060

Högg, Emil (* 5.7.1867 Heilbronn, † 27.12.1954 Radebeul), Architekt, Kunstgewerbler. H.

Im 1929 eröffneten Ottilie-Hoffmann-Haus befindet sich heute das Lokal Ambiente, Foto um 1930

wurde 1904 zum Direktor des neu geschaffenen Gewerbemuseums u. der mit diesem verbundenen Kunstgewerbeschule (heute Hochschule der Künste) in Bremen berufen. Er war Mitbegründer des Vereins für Niedersächsisches Volkstum. 1909 organisierte er eine Ausstellung zur ➢ Grabmalreform u. veranlasste den Wettbewerb für den F. Osterholz. 1912 wurde er an die Technische Hochschule Dresden berufen, an der er bis zu seiner Emeritierung gelehrt u. gewirkt hat.

Höpken, Johann (* 10.10.1801 Bremen, † 26.7.77 ebd.), Kaufmann, Reeder.
Höpken, Christine Elisabeth, genannt Elise (* 14.6.1799 Bremen, † 5.6.1876 ebd.).
H., Mitglied der Bremischen Bürgerschaft, war ein großer Wohltäter der Stadt. Aus der 1865 gegründeten Johann u. Elise Höpken-Stiftung für verwahrloste Mädchen ging später das Mädchenheim Hartmannshof hervor. Sein Landgut Höpkensruh, bis heute ein beliebtes Ausflugsziel, hatte er 1873 der Stadt Bremen vermacht.

In der Mitte des neoklassizistischen ➢ Aedikulagrabes (Entwurf Heinrich ➢ Müller) steht unter dem von vier korinthischen ➢ Säulen getragenen Giebeldach eine weibliche Marmorskulptur. Die Allegorie der Hoffnung war 1839 in Rom als Flora von Carl ➢ Steinhäuser geschaffen worden u. befand sich zuvor auf dem Grab der Eltern von H. auf dem Herdentorsfriedhof. ➢ Friedhofsgeschichte
❖ R0276

Ichon, Eduard (* 27.12.1879 Bremen, † 19.1.1943 ebd.), Prof. Dr. phil., Theaterdirektor. Der Enkel von ➢ Louis E. I., der zunächst eine wissenschaftliche Laufbahn anstrebte, plante u. gründete

Das Familiengrab Höpken wurde 1876 als eine der ersten Ruhestätten auf dem F.R. neu errichtet

Das Grab der Familie Ichon ist eines der modernen Grabdenkmäler der Zeit nach 1900

mit Johannes August Wiegand (1874–1940) das Bremer Schauspielhaus. Beide verkörperten den neuen Typus eines akademisch gebildeten Direktors. Seit 1910 residierte das Theater zunächst in einem umgebauten ehemaligen Konzertsaal (heute Modernes) u. wurde 1913 als Neubau nach Plänen der Architekten ➢Abbehusen & ➢Blendermann am Goetheplatz eröffnet.

Die monumentale ➢Stele mit seitlichen Reliefbändern u. maskenartigen Gesichtern auf dem oberen Querbalken, eingebunden in eine steinerne Sitzbank, schufen die Architekten ➢Eeg & Runge.
❖ V0497/0498/0505/0506

Rechts: Das Grab der Familie Isenberg wird von einer Christusfigur aus Marmor dominiert

Ichon, Louis Eduard (* 20.6.1811 Bordeaux, † 19.10.90 Gut Sandfort/Osnabrück), Kaufmann. I. begründete 1842 die Vereinte Weser-Dampfschifffahrt zu Hameln u. richtete eine regelmäßige Schiffsverbindung zwischen Bremen u. Amsterdam ein. Als Förderer der Frachtschifffahrt war er Direktor verschiedener Dampfschifffahrtsgesellschaften u. betätigte sich sehr erfolgreich im Auswanderergeschäft.
❖ V0497/0498/0505/0506

Initiative »Letztes Geleit«
➢Sozialgrab

Isenberg, Paul (* 15.4.1837 Dransfeld, † 16.1.1903 Bremen), Zuckerrohrplantagenbesitzer u. -händler.
Isenberg, Wobetha Margarethe »Beta«, geb. Glade (* 12.5.1846 Bremen, † 10.3.1933 ebd.), Mäzenin.

Teil des 1904 auf Hawaii errichtete Paul Isenberg Monuments

I. ging als 12-Jähriger zur Ausbildung als Landwirt nach Hawaii, übernahm später die Leitung der Zuckerrohrplantage seines Schwiegervaters u. leitete

DER WIRD EUCH TROESTEN.
ICH LEBE UND IHR SOLLT AUCH LEBEN.

»Jacobs Kaffee ... wunderbar«: ein Symbol für das deutsche Wirtschaftswunder

seit 1889 das bedeutende Unternehmen Hinrich Hackfeld & Co. Das Ehepaar förderte soziale Projekte in vielfältiger Weise. Die Zinsen aus der von Beta I. errichteten Paul-Isenberg-Stiftung gingen an die Erziehungsanstalt Ellener Hof u. als Vorsitzende des Vereins für eine Zufluchtstätte für Frauen u. Mädchen unterstützte sie maßgeblich den Bau eines Kinder- u. Mädchenheims, das 1915 als Isenberg-Heim eröffnet wurde.

Im Mittelpunkt des aedikulaartigen ➢Grabmals steht eine aus ➢Marmor gefertigte Christusfigur. In ihrer bewussten u. übersteigerten Aussage ist sie ein typisches Produkt des ➢Historismus. ➢Pflüger ➢Hackfeld ➢Aedikula

❖ AA0068

Die »goldene Kaffeepackung«, entwickelte der Unternehmensgründer Johann Jacobs

Jacobs, Johann (* 20.5.1869 Borgfeld/Bremen, † 21.2.1958 Bremen), Kaufmann. Der Sohn einer alteingesessenen Bauernfamilie eröffnete 1895 seinen ersten eigenen Kaffee- u. Teeladen in der Bremer Innenstadt u. betrieb seit 1907 erfolgreich eine eigene Rösterei. Das Warenzeichen, ein von zwei Armen gestemmter Kaffeesack, fand bis 1966 in leicht abgewandelter Form Verwendung. Walther J. ➢Jacobs trat 1958 die Nachfolge des Onkels an. Er entwickelte Jacobs-Kaffee in der Zeit des Wirtschaftswunders zu einer Weltmarke.

❖ W0224/0225/0275/0276

Jacobs, Walther Johann (* 17.3.1907 Bremen, † 4.6.98 ebd.), Kaffeekaufmann, Förderer des Galopprennsports. Gleich nach seinem Einstieg in das Unternehmen des Onkels ➢Johann J. führte der junge Kaufmann, der zuvor Marketingerfahrungen in den USA gesammelt hatte, 1929 die innovative Idee der standardisierten Verpackung ein u. entwickelte dadurch die Marke Jacobs-Kaffee. 1954 erfand er den werbewirksamen Slogan: »Jacobs Kaffee ... wunderbar«. Wegen seiner Verdienste für die Vollblutzucht und den Rennsport bekam J. 1986 die Goldene Verdienstmedaille des Galopp-Direktoriums überreicht.

❖ AA0061A

Jancke, Carl (* 18.8.1846, † 7.12. 1911), Gartenarchitekt aus Aachen. 1872 gewann J. den ausgeschriebenen Wettbewerb zur Gestaltung der neuen Bremer Friedhofsanlagen in Walle u. Riensberg. Sein Motto lautete: »Der Friedhof soll in uns kein Gefühl des Grauens vor dem Tode erzeugen, sondern in sinniger Verbindung mit anmuthigen Naturgegenständen uns aussöhnen mit unserem Schicksal u. neue Hoffnungen in uns wecken.« Bei der Gestaltung des ➢ Parkfriedhofs orientierte sich J. auch an amerikanischen Vorbildern, u.a. am F. von Cincinnati/USA , den Zeitgenossen als schönsten F. der Welt lobten. ➢ Gartenarchitektur

Jüdische Friedhöfe. Der J.F. in der Hastedter Deichbruchstr. wurde 1796 eröffnet. Seit 2008 gibt es einen weiteren in der Beckfeldstr., unweit des F.R.

Jugendstil. An der Wende zum 20. Jh. Ausdruck der Suche nach neuen ästhetischen Formen in der Abkehr vom ➢ Historismus. Kennzeichnend sind dekorativ geschwungene Linien, flächenhafte Ornamente u. die Vermeidung von Symmetrien. Der F.R. ist besonders reich an Jugendstil-Grabmälern. Zu unterscheiden ist ein floraler Stil mit bewegten u. geschwungenen Linien, oft mit stilisierten Pflanzen, wie Blumenkörben oder Blumengirlanden. Daneben gibt es einen eher abstrakt geometrischen Stil, mit flächigen Mustern u. geraden Grabmalformen.

Geometrisch-abstraktes Jugendstilgrabmal mit einer stilisierten Sonne in Aedikulaform

Vermischte Nachrichten.

Preisausschreiben.

Für die Pläne zu der Anlage von zwei Friedhöfen in der Nähe der Stadt Bremen von je etwa 15 Hector Fläche ist eine öffentliche Concurrenz unter Auslobung von zwei Prämien von resp. Ct. ₰ 250 und 200 für jeden Friedhof ausgeschrieben.

Die Prämien werden von den Preisrichtern den künstlerisch schönsten zugleich den Programmen am meisten entsprechenden und für die Ausführung vortheilhaftesten Plänen zuerkannt. Die prämirten Pläne bleiben Eigenthum der Deputation, welche die Ausführung sich vorbehält.

Programme, Situationskarten und Bedingungen sind von der Unterzeichneten zu beziehen. Die Concurrenz-Pläne sind bis zum 22. Juni d. J. einzuliefern.

Bremen, 27. April 1872.

Die Deputation wegen Verlegung der Begräbniß-Anstalten. [18558

Bremer Nachrichten 28.4.1872

Kaisen, Wilhelm (* 22.5.1887 Hamburg, † 19.12.1979 Bremen), Stuckateur, Redakteur, Bürgermeister.

Kaisen, Helene, geb. Schweida (* 11.5.1889 Braunschweig, † 6.9. 1973 Bremen).

Seit Ende des 1. WK lebte das Ehepaar, das sich in der SPD-Parteischule in Berlin kennengelernt hatte, in Bremen. Hier arbeitete K. bei der Bremer Volkszeitung,

Weibliche Allegorien der Trauer prägen das Friedhofsbild

Briefmarke zum 100. Geburtstag von Wilhelm Kaisen, 1987

war Mitglied der Bremischen Bürgerschaft (1920–28) u. Senator für das Wohlfahrtswesen (1928–33). Nach seiner Vertreibung aus dem Amt durch die Nationalsozialisten u. einer Haftstrafe zog er sich als Landwirt auf eine Siedlerstelle in Borgfeld zurück. Die US-Militärregierung berief K. in den ersten Bremer Nachkriegssenat u. ernannte ihn kurze Zeit später zum Bürgermeister u. Präsidenten des Bremer Senats. In dieser Position blieb er bis 1965. Der Politiker galt den Bremerinnen u. Bremern als Landesvater, der zusammen mit seiner sozialpolitisch engagierten Ehefrau für jede u. jeden ein offenes Ohr hatte.
❖ F0164

Albert Kalthoff um 1900

Kalmsteiner, Johann (* 29.9.1845 Sarnthein, Südtirol, † 5.1.97 Wien). Der österreichische Bildhauer war an der plastischen Ausgestaltung vieler Prachtboulevards rund um die Wiener Innenstadt beteiligt. Zudem schuf er zahlreiche Statuetten, Porträtbüsten u. Grabdenkmäler. Ein Beispiel seiner Bildhauerkunst sind die Figuren auf der Grabanlage von Josef Johannes Arnold ➢ Hachez.

Kalthoff, Albert (* 5.3.1850 Barmen, † 11.5.1906 Bremen), Dr. phil., Theologe, Philosoph. 1888 wurde K. auf die 2. Pfarrstelle in St. Martini in Bremen berufen. Der Freigeist pflegte den Kontakt zur Sozialdemokratie u. gründete 1891 den Arbeiterbildungsverein Lessing. Als Pazifist rief er 1903 die Bremer Ortsgruppe der Deutschen Friedensgesellschaft ins Leben. Auch unterstützte K. die erstarkende Frauenbewegung. 1904 predigte in St. Martini die erste Frau von einer Bremer Kanzel, die Frauenrechtlerin u. methodistische Predigerin Anna Howard Shaw (1847–1919) aus den USA. Im Jahr seines Todes wurde K. erster Vorsitzender des Deutschen Monistenbundes, einer freidenkerischen Organisation. Dies führte zu dem Verfahren seiner »Amtsenthebung wegen Atheismus«.
❖ W0378

Kalthoff, Anna (* 27.3.1880 Steglitz/Berlin, † 29.6.1962 Bremen), Lehrerin. Die Tochter aus ➢ Albert K. zweiter Ehe mit Eugenie Schulz (1855–84) war Lehrerin an der höheren Töchterschule von

Der Findling auf dem Familiengrab Kalthoff stellt eine enge Verbindung zur Natur her

August Martin Janson in Bremen, später Schulleiterin. Sie wurde von den Nationalsozialisten abgesetzt.

Ihr Name findet sich auf der Grabplatte vor dem einfachen ➢ Findling des ➢ Familiengrabes.
❖ W0378

Kapff, Aline von (* 20.7.1842 Bremen, † 25.3.1936 ebd.), Malerin. Die erfolgreiche Malschülerin von Amalie ➢ Murtfeldt, deren Gemälde u.a. durch alljährliche Pariser Kunstausstellungen anerkannt waren, entschied sich gegen eine Karriere als Künstlerin. Viele ihrer Gemälde, Zeichnungen u. Porträts befinden sich im Besitz der Kunsthalle, des Focke-Museums oder in Privatbesitz. K. engagierte sich in mehreren karitativen Vereinen u. galt als beliebte Mäzenin für junge Künstlerinnen und Künstler, die sie in ihrem gastfreundlichen Haus an der Schwachhauser Heerstraße (heute Teil des Kippenberg-Gymnasiums) empfing.

Aline von Kapff. Selbstbildnis in Öl, ca. 1890

Über dem ➢ Familiengrab erhebt sich ein ca. 4 m hoher schlichter ➢ Obelisk aus ➢ Muschelkalkstein in streng klassizistischer Form mit erhabenem Familienwappen.
❖ U0109–0114

Kapff, Paul Ludwig von (* 21.9. 1838 Bremen, † 10.2.1911 ebd.), Weinkaufmann. K. entstammte wie seine Schwester ➢ Aline dem alten württembergischen Adelsgeschlecht von K. Seine Vorfahren ließen sich im 17. Jh. in Bremen nieder u. gründeten 1692 eine Wein-Importhandlung, die heute noch besteht u. zu den traditionsreichsten Handelshäusern Bremens zählt.
❖ U0109–0114

Kaukasische Flügelnuss
➢ Gehölze

Kindergrab. Spezielle Gräber für die Bestattung von Kindern bis zu zehn Jahren stehen auf dem F. Walle zur Verfügung. Seit März 2001 finden regelmäßig

Auguste Kirchhoff, um 1915

überkonfessionelle Trauerfeiern mit anschließender anonymer Bestattung für fehl- u. totgeborene Babys unter 500 g auf dem F. Huckelriede statt.

Kippenberg, Hermann Ludwig August (* 4.9.1869 Bremen, † 16.1.1952 ebd.), Prof. Dr. phil., Pädagoge. K. führte das Lebenswerk der Eltern, August (1830–89) u. Johanne K. (1842–1925), das 1859 als Lehrerinnenseminar gegründete Bremer Kippenberg-Gymnasium, fort. Unter seiner Leitung 1904–35 kam es zu einer weitgehenden Akademisierung der Lehrerschaft.
❖ D0290

Kirchhoff, Auguste Christine Louise, geb. Zimmermann (* 23.6.1867 Ansbach, † 12.7.1940 Bremen), Gesanglehrerin, Sozialpolitikerin. K. kämpfte von 1913–33 in zahlreichen nationalen u. internationalen Verbänden v.a. für die Durchsetzung des Frauenstimmrechts, für den Mutterschutz, eine Sexualreform sowie für die Ideen der Friedensbewegung. Der von ihr mitbegründete Verein Mütter- u. Säuglingsheime eröffnete drei Häuser für ledige Mütter u. deren Kinder. Während des 1. WK gehörte K. zu der deutschen Gruppe von rund 1.200 delegierten Frauen aus 12 Ländern des 1. Internationalen Frauenfriedenskongresses in Den Haag, der Friedensverhandlungen u. das aktive u. passive Wahlrecht für Frauen als Zeichen einer Demokratisierung einklagte.

Der Stein zum Gedenken steht am Uferweg auf gleicher Höhe zur aufgelösten Grabstelle.
❖ AA0289.

Kirchliche Friedhöfe. Von den 21 konfessionellen F. sind 20 evangelisch, davon 2 evangelisch-lutherisch u. 3 evangelisch-reformiert. Ein katholischer F. befindet sich im Stadtteil Blumenthal.

Klassizismus. Der K. ist das künstlerische Gegenprogramm zum Barock u. löste diesen kunstgeschichtlich ab. Er setzte sich Ende des 18. Jh. durch u. basierte in der Architektur auf antiken griechischen u. römischen Vorbildern.
➢ Neoklassizismus

Koch, Gottfried Liborius (* 13.4. 1804 Bremen, † 19.7.79 ebd.), Goldschmiedemeister. K. gründete 1829 mit dem Graveur Ludwig ➢ Bergfeld eine Gold- u. Silberschmiedewerkstatt in Bremen, die seit 1856 unter dem Namen Koch & Bergfeld firmierte. Die Handwerksfirma entwickelte sich zu einem renommierten Unternehmen mit

Die erste von Gottfried Koch verwendete Meistermarke (1829–33)

modernem Fabrikgebäude u. großer Arbeiterschaft. Vor dem 1. WK gehörte K. & Bergfeld neben Wilkens (Bremen) u. Bruckmann (Heilbronn) zu den drei großen deutschen Silberwarenfabriken. In der Blütezeit wurde versilbertes Tafelgerät u. Besteck bis nach Kolumbien, Venezuela u. Russland verkauft. Seit 1967 wird der Pokal der UEFA Champions League bei K. & Bergfeld produziert. Die Firma gehört heute zu den ältesten noch aktiven deutschen Silberwarenfabriken.
❖ W0448/0449

Kohl, Johann Georg (* 28.4.1808 Bremen, † 28.10.78 ebd.), Dr. phil. h.c., Bibliothekar, Reiseschriftsteller. Der Sohn eines Weinhändlers konnte aus finanziellen Gründen sein Jurastudium nicht vollenden u. arbeitete zunächst als Hauslehrer, dann ausschließlich als Schriftsteller. Er unternahm mehrere Reisen nach Russland, durchwanderte fast alle europäischen Länder u. verfasste zahlreiche Reiseberichte, wobei sein Ruhm v.a. auf seinen eingehenden nordamerikanischen geografischen Studien fußte. Er lebte in Dresden, Berlin, London u. USA, bis er 1863 als Stadtbibliothekar nach Bremen zurückkehrte u. hier die Bibliothekslandschaft maßgeblich neu gestaltete.

Auf seinem schlichten Grabstein steht »Veni-vidi-gripsi«, in ironisierender Abwandlung zu »Veni-vidi-vici«, »ich kam, ich sah, ich siegte«, »ich kam, ich sah, ich dachte«.
❖ U0069

Die Urnennischen im Kolumbarium bieten Raum für persönliche Andenken

Kolumbarium (lat. columba = Taube, columbarium = einem Taubenschlag ähnlich). Seit 2002 beherbergt das ehemalige ➢ Krematorium auf dem F.R. das einzige Bremer Kolumbarium. Beim Umbau des historischen Gebäudes wurde die architektonische Formensprache aufgenommen u. die Urnenwände harmonisch in die zentrale Halle integriert. So ist die Form der Kuppel als doppelreihiger, zum Eingang hin geöffneter Kreis (Symbol für Kreislauf des Lebens) nachempfunden. In einem ebenholzfarbenen Regalsystem befinden sich 310 ➢ Urnennischen. Diese können individuell mit Grabplatten aus Glas oder verschiedenen Sandsteinen verschlossen u. beschrif-

Johann Georg Kohl, um 1848

tet werden. Der Zugang zum Urnenraum ist nur mit einer persönlichen Zugangsberechtigung möglich. Der Schlüssel kann bei Bedarf auch im ➢ Friedhofsbüro ausgeliehen werden.

Kommunalisierung. Bis zur Eröffnung des F.R. u. Friedhofs Walle lag die Verwaltung der Bremer F. ausschließlich bei der Verwaltungskommission der altstädtischen Begräbnisanstalt, in der die Bauherren (Kirchenvorstände) der Pfarrkirchen vertreten waren. 1874 wurde sie aufgelöst u. durch die Deputation für die Verwaltung der F. ersetzt. Die öffentliche Aufgabe erledigten nun die Mitarbeiter der Friedhofsverwaltung, später umbenannt in Garten- u. Friedhofsamt, Gartenbauamt u. Stadtgrün. Seit 2010 sind Stadtgrün Bremen u. die Bremer Entsorgungsbetriebe zum Umweltbetrieb Bremen fusioniert.

Konfession. Nach der Reformation wurden F. streng nach Konfessionen getrennt. Erst die ➢ Kommunalisierung ermöglichte die Öffnung der städtischen F. für alle Konfessionen, Protestanten, Katholiken u. Juden. Islamische Bestattungen sind durch den im Januar 2014 in Bremen unterzeichneten Staatsvertrag mit den muslimischen Verbänden auf den F. Aumund u. Osterholz möglich.

Korff, Wilhelm August (* 11.7. 1845 Bremen, † 25.8.1914 ebd.), Erdöl-Industrieller. 1869 trat K. in die Mineralöl- u. Paraffinfabrik ein, die sein Vater Christian August (1812–85) vier Jahre zuvor erworben hatte. Bedingt durch die Produktion von mineralischem Schmieröl u. explosionssicherem Leuchtpetroleum, dem Kaiseröl, entwickelte sich die Raffinerie zur bedeutendsten im Deutschen Reich. 1887 gründete K. mit vier weiteren Bremer Kaufleuten die Petroleumraffinerie vormals August K. AG, die sich auf die Bereitstellung von Transportmitteln u. die Unterhaltung von Tanklagern spezialisierte. Wenig später erwarb die amerikanische Standard Oil Company, die sich mit seinem Konkurrenten Franz ➢ Schütte verbündet hatte, den größten Teil des Aktienkapitals. K. blieb bis 1910 im Vorstand u. betrieb die Petroleum-Raffinerie unter neuem Namen weiter. 1972 wurde die Produktion endgültig eingestellt.

Die Anlage wird im Rahmen einer ➢ Grabmalpatenschaft weiter erhalten.
❖ Z0125

Krages, Louis (* 29.7.1875 Bremen, † 15.5.1955 ebd.), Kaufmann. 1901 war K. Mitbegründer der später europaweit erfolgreichen Holzimport-Firma K. & Zenker. Das 1912 im Bremer Industriehafen erbaute größte Hobelwerk Europas fiel

1944 den Bomben zum Opfer u. wurde nach Kriegsende unter K. Führung wieder aufgebaut. Die Leitung des Bremer Werks, ebenso wie die mehrerer holzverarbeitender Unternehmen, die K. gekauft oder gegründet hatte, wurde nach seinem Tod von den Söhnen übernommen bzw. weitergeführt. 1916 entstand auf K. Initiative der Verein Deutscher Holzeinfuhrhäuser e.V.
❖ EE0344/0345

Kranz. In seiner geschlossenen Form Sinnbild der Unendlichkeit. Es gibt ihn als ➢Symbol auf den Grabstätten ➢Kulenkamp, ➢Upmann (Lorbeer), ➢Nagel (Efeu) u. ➢Pohlmann (Blüten). Erst im ausgehenden 19. Jh. gewann die Kranzspende mit Kranzschleifen allgemeine Bedeutung.

Kreis ➢Symbole

Krematorium. Am 24.2.1907 wurde das neoklassizistische Gebäude als 13. deutsches K. auf dem F.R. eröffnet (1. K. 1878 in Gotha). Der Architekt Heinrich ➢Behrens ging als Sieger aus einem vom ➢Verein für Feuerbestattung reichsweit ausgeschriebenen Wettbewerb hervor. Er übernahm ebenfalls die Ausbauten in den Jahren 1914 u. 27. Finanziert wurde das 137.000 Mark teure Bauprojekt großenteils durch private Spenden. 25.000 Mark bewilligten Senat u. Bürgerschaft. Der in Anlehnung an das Pantheon in Rom entwickelte Bau liegt mit der Front zum ➢See. Ein Portikus mit Dreiecksgiebel bildet das Portal u. weckt Assoziationen an eine griechische Tempelanlage. Die architektonische Gliederung des sakral anmutenden Innenraums, der durch eine hohe bronzefarbene Eingangstür (Schulz & Holdefleiss, Berlin) betreten wird, ist geprägt durch Rundbögen u. die hohe lichtdurchflutete Kuppel.

Bei der Eröffnung des Krematoriums fehlten die seitlichen Ausbauten ebenso wie die rückwärtige Raumschale, die heute den halbrund geformten Anbau u. die beiden niedrigen seitlichen Anbauten umschließt

Blick in die Apsis mit Sarg, Katafalk (Sargwagen) u. unsichtbarem Versenkungsapparat, um 1907

Die Ausmalung des Raumes übernahm Albert ➢Ritterhoff, die Gestaltung des Glasmosaiks über dem Eingang u. der Glasfenster Karl ➢Rohde. Letztere wurden während des 2. WK zerstört u. 1952 von Will ➢Torger erneuert.

1988 wurde das K. auf dem F.R. wegen gestiegener Auflagen des Immissionsschutzes stillgelegt. Seit 2002 wird die ehemalige Feierhalle als ➢Kolumbarium genutzt. In den unteren Räumen ist die alte Krematoriumsanlage noch erhalten. Ein zweites Bremer K. wurde 1957 auf dem F. Walle u. ein drittes 1968 auf dem F. Huckelriede eröffnet. Es ist seit 1988 das einzige in Bremen. ➢Einäscherungsofen

Kreuz. Das K. als ➢Symbol des christlichen Glaubens gibt es auf dem F.R. als eigenständige ➢Grabmalform, in Form eines

Kreuzdarstellung auf der Grabstätte der Familie Kulenkampff (❖ FF0035)

Aufsatzes oder als ➢Schmuckrelief. Z.B. Grabstellen ➢Erdmann-Jesnitzer, ➢Grommé, ➢Nagel, ➢Noltenius, ➢Pohlmann, ➢Pauli, ➢Smidt, ➢Wätjen

Kropp, Diedrich Samuel (* 15.12. 1824 Bremen, † 15.5.1913 ebd.), Bildhauer. Nach seinen Ausbildungsjahren kehrte K. 1861 nach Bremen zurück. Aus bescheidenen Anfängen entwickelte sich eine erfolgreiche Zusammenarbeit mit dem Architekten Heinrich ➢Müller. Sein größter Auftrag bestand in der Ausgestaltung der Haupteingänge des Börsenneubaus. Zudem schuf K. eine Vielzahl von zumeist allegorischen Gestalten, religiösen Figuren, historischen Standbildern, Porträts, arbeitenden Personen, Porträtmedaillons u. Grabmälern. Mit seiner eher realistischen, dabei aber meisterhaften Auffassung in der Figurengestaltung traf K. die künstlerischen Ansprüche seiner Zeit. Werke des Bildhauers finden sich auf den Grabstätten von Arnold ➢Duckwitz, ➢Kulenkamp, Heinrich ➢Müller, ➢Riem, ➢Rutenberg u. ➢Teichmann.

Die ➢Urne wurde neben dem Grab seines Freundes Heinrich

Links: Der sogenannte Kunsthandwerker-Brunnen von Kropp ist auf dem Osterholzer Friedhof zu sehen

➢ Müller beigesetzt. Die Grabstelle ist nicht mehr erhalten.

Krüger, Maria, geb. Fraedrich (* 17.10.1907 Gotha, † 7.1.87 Bremen), Sozialarbeiterin, Politikerin. Nach Kriegsende war die aktive Kommunistin, die in der NS-Zeit wegen ihrer politischen Aktivitäten ihren Beruf verloren hatte u. eine einjährige Haftstrafe im Zuchthaus Hamburg-Fuhlsbüttel verbüßen musste, Mitbegründerin des Bremer Frauenausschusses, Mitglied in der Internationalen Frauenliga für Frieden u. Freiheit, Gründungsmitglied der Vereinigung der Verfolgten des Naziregimes (VVN) (1947), Abgeordnete in der Bremischen Bürgerschaft (1951–59) u. nach dem Verbot der KPD Mitbegründerin der Deutschen Kommunistischen Partei (DKP) in Bremen (1968).
❖ CC1713

Kubica, Herbert (* 16.6.1906 Nürnberg, † 17.7.72 Bremen), Bildhauer. Seit 1928 in Bremen lebend, schuf er 1934 das Denkmal für die im 1. WK in Gefangenschaft verstorbenen Soldaten am Fuße der Altmannshöhe u. 1936 das Denkmal für die bei der Niederschlagung der Bremer Räterepublik Gefallenen der Division Gerstenberg. K. lehrte an der Kunstschule Bremen, der heutigen Hochschule für Künste. Aus seiner Werkstatt stammt das Grabmal der Familie ➢ Schopf.

Rechts: Trauernde mit Lorbeerkranz auf der Grabstätte von J.D. Kulenkamp

Kulenkamp, Johann Diedrich (* 1.4.1798 Bremen, † 20.6.1876 ebd.), Kaufmann. Teilhaber der Fa. H. A. Morisse & Co. Das Grabmal aus Granit hat die Form einer ➢ Aedikula mit ägyptisierenden Motiven u. kleinen Seitenflügeln. Die stehende weibliche Gestalt mit nach innen gekehrter Trauergebärde trägt in der Hand einen Lorbeerkranz, dessen immergrüne Blätter die Hoffnung auf ein Weiterleben symbolisieren. Sowohl das Porträtmedaillon des Kaufmanns als auch die Marmorskulptur stammen aus der Werkstatt von Diedrich ➢ Kropp. ➢ Symbole ➢ Kranz
❖ R0194A

Kunststein. K. bildete ab Mitte des 19. Jh. eine kostengünstige Alternative zur Produktpalette der Natursteine. Es handelt sich um mineralisch- (Zement u. Baukalk) oder harzgebundene Werkstoffe. Mit Beginn des 20. Jh. wurden sie vermehrt als Grabmale eingesetzt.

Kurz, Otho Orlando (* 1.6.1881 Florenz/Italien, † 11.5.1933 München), Prof., Architekt. 1908 gründete K. gemeinsam mit Eduard Herbert ein Architektenbüro. Zudem unterrichtete er an der Technischen Hochschule München u. entwarf Möbel u. Grab-

Schmidt

monumente. Er schuf das Grabmal von Oltmann Johann Dietrich ➢Ahlers.

Lamotte, Hans Henry (* 25.6.1922 Bremen, † 8.4.2003 ebd.), Kaufmann. 1950 übernahm L. die Leitung der vom Vater gegründeten Im- u. Exportfirma für Öle u. Fette u. weitete sie bedeutend aus. Der ehrenamtlich aktive Kaufmann hatte 1965–90 das Amt des Bauherrn der St. Petri Domgemeinde inne u. gründete 1976 die Stiftung Bremer Dom e.V. Zudem stand L. 21 Jahre als Aufsichtsratsvorsitzender der Bremer Lagerhausgesellschaft (seit 1998 BLG Logistics Group) vor, war zeitweise stellvertretender Vorsitzender des Verwaltungsrates der Sparkasse u. kaufmännisches Mitglied in der Stiftung Haus Seefahrt.
❖ EE0001–0012

»Die Dörfer Hastedt und Schwachhausen« (1981) von Johanne Lampe

Lampe, Friedo (Moritz Christian Friedrich) (* 4.12.1899 Bremen, † 2.5.1945 Kleinmachnow), Dr. phil., Schriftsteller, Lektor. Nach Ende seines Studiums arbeitete L. zunächst als Lektor u. Mitherausgeber von Schünemanns Monatsheften beim gleichnamigen Bremer Verlag. Später war er in gleicher Tätigkeit u.a. im Berliner Rowohlt-Verlag tätig, den der ebenfalls in Bremen geborene Ernst Rowohlt (1887–1960) gegründet hatte. Im Mai 1945 erschossen ihn russische Soldaten, die ihn fälschlicherweise für einen SS-Mann hielten. L. gilt als einer der bedeutendsten Bremer Autoren der 1. Hälfte des 20. Jh. Sein schmales Gesamtwerk, bestehend aus zwei kurzen Romanen, Erzählungen, Gedichten u. Briefen, wird dem magischen Realismus zugeordnet.
❖ U0208

Lampe, Johanne W. (* 9.10.1897 Bremen, † 12.7.1996 ebd.), Heimat- u. Familienforscherin. Seit Mitte der 1920er Jahre engagierte sich L. als Familienforscherin. 1934 trat sie in die Bremische Gesellschaft für Familienforschung »Die Maus« e.V. ein, wo sie über Jahrzehnte zu den aktivsten Mitarbeiterinnen zählte u. Positionen im Vorstand innehatte. Zudem veröffentlichte die akribisch tätige Autodidaktin zahlreiche Arbeiten über die Geschichte verschiedener Bremer Dorfschaften. Für ihr Werk über »Die Dörfer Hastedt u. Schwachhausen« wurde sie 1979 mit dem Bremer Preis für Heimatforschung ausgezeichnet u. 1985 für ihr Lebenswerk mit dem Bundesverdienstkreuz 1. Klasse geehrt.
❖ F0011

Lauer, Rudolph (* 27.6.1851 Köln, † 3.6.1900 Bremen), Bildhauer. L. war an der Ausführung des ➢Familiengrabes ➢Wätjen-Berck beteiligt. Von ihm stammen ebenfalls die Statue der Justitia am Bremer Landgericht in der Ostertorstraße, die Sphinx-Figuren vor dem Bremer Übersee-Museum u. das neugestaltete Portal des Schüttings.

Legat- oder Ehrengrab. Auf den kommunalen F. in Bremen werden die Kosten für die Pflege von Ehren- oder Legatgräbern aus öffentlichen Mitteln gedeckt. Auf dem F.R. gibt es 25 L., darunter die Gräber von Johann ➢Smidt, Ludwig ➢Franzius u. August ➢Freudenthal.

Leichenhaus. Im ausgehenden 18. Jh. wurde die Bestattung zunehmend zu einer sanitären Aufgabe. Auf F. eingerichtete Leichenhäuser sollten einerseits die hygienisch einwandfreie Verwahrung der Verstorbenen bis zur Beerdigung gewährleisten, andererseits dem gefürchteten Scheintod durch die längere Aufbewahrungszeit entgegenwirken. Dem L. war oftmals ein Obduktionsraum angeschlossen. ➢Friedhofsbauten

Lemke, Peter Hermann (* 17.8. 1835 Bremen, † 26.8.1900 ebd.), Zigarrenfabrikant. Das ➢Grabdenkmal in ➢Aedikulaform u. im

Grabmal der Familie Lemke. In der Bestattungskultur steht die Urne als Symbol für Vergänglichkeit

Stil des ➢ Neobarock wurde 1900 aus Oberkirchener ➢ Sandstein errichtet. Die Mittelnische beherbergt zwei ➢ Urnen aus ➢ Marmor mit den Daten des Unternehmensgründers u. seiner Ehefrau Johanne L., geb. Watermeyer (1844–1909).
❖ AA0257

Licht. Als Gegensatz zur Dunkelheit steht das L. für die Quelle des Lebens, ist aber auch Sinnbild des Göttlichen u. der Wahrheit (Erleuchtung, Vernunftstreben, Aufklärung). Als eines der ältesten ➢ Symbole ist es mit den Gestirnen Sonne, Mond u. Sterne verbunden. Synonyme sind Beleuchtungsgegenstände wie (Öl-)Lampe u. ➢ Fackel.

Von Lilienthal u. Borchers gestaltete Fenster in der Kapelle

Lilienthal, Heinz (* 25.4.1927 Neidenburg, † 6.6.2006 Javea/Spanien), Glasmaler. L. gestaltete 1951 die neuen Fenster der ➢ Friedhofskapelle auf dem F.R. nach einem Entwurf von Heinz ➢ Borchers. 1952 gründete er das Atelier für kirchliche Kunst in Bremen-Lesum u. entwickelte sich zu einem für den Kirchenbau der Nachkriegsjahre wegweisenden deutschen Glasmaler. Zu seinen Werken zählen die Fenster in der St. Remberti-Kirche u. in der Eingangshalle der Handwerkskammer Bremen.

Linde ➢ Gehölze ➢ Friedhofsanlage

Lohmann, Frederik Alfred (* 2.4. 1870 Bremen, † 4.9.1919 Timmendorfer Strand), Dr. sc. pol. h.c., Kaufmann. L. zählte um die Jahrhundertwende zu den einflussreichsten Bürgern Bremens. 1892 hatte er mit einem Partner in Sydney eine Exportfirma für Schafwolle gegründet. 1901 eröffnete er in Bremen die Fa. L. & Co. als deutschen Stützpunkt für das Wollimportgeschäft. Die Standard Wool Deutschland GmbH zählt heute zu den führenden Wollhandelsfirmen der Welt.

Die von Hans ➢ Dammann gestaltete Grabstelle wird durch sechs in einem Halboval aufgestellte kannelierte dorische ➢ Säulen dominiert. Davor sitzt auf dem stu-

fenförmigen Absatz eines Postaments eine überlebensgroße weibliche Gestalt. Dargestellt ist Julie Emily Winifred L. (1897–1913), die Tochter L., die im Alter von 16 Jahren starb.
❖ EE0358–0361

Lohmann, Johann Georg (* 30.10. 1830 Bremen, † 9.2.92 ebd.), Kaufmann, Direktor des NDL. 1877–92 war der Tabakkaufmann Direktor des NDL. Durch den von ihm forcierten Aufbau einer Schnelldampferflotte, mit neuer Bewegungsfreiheit u. Luxus für die Kajütpassagiere, entwickelte sich die Reederei in der Folgezeit zur größten Passagierreederei der Welt.

Die ➢neobarocke Marmorstele wurde von Johann ➢Poppe entworfen u. von August ➢Sommer ausgeführt. Im Zentrum ist eine ➢Engelsgestalt zu sehen, die einen Palmwedel als ➢Symbol des ewigen Lebens in der Hand hält. Das Schiff zu ihren Füßen ist möglicherweise der erste unter Lohmann 1881 erbaute Schnelldampfer ELBE.
❖ Das Grabmal befindet sich auf der rechten Seite (vom Haupteingang aus gesehen) in der Pflanzfläche zu AA/BB

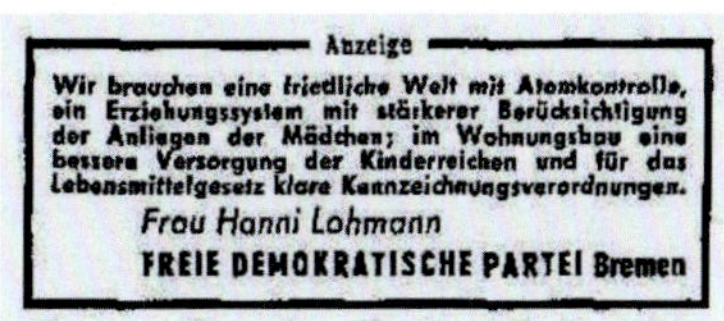
Anzeige

Wir brauchen eine friedliche Welt mit Atomkontrolle, ein Erziehungssystem mit stärkerer Berücksichtigung der Anliegen der Mädchen; im Wohnungsbau eine bessere Versorgung der Kinderreichen und für das Lebensmittelgesetz klare Kennzeichnungsverordnungen.

Frau Hanni Lohmann

FREIE DEMOKRATISCHE PARTEI Bremen

Anzeige im Weser-Kurier am 2.10.1959

Die »Ruhestätte der Familie Alfred Lohmann« gehört zu den monumentalen Objekten an der Nordseite des Sees

Lohmann, Johanne, geb. Strube (* 28.5.1902 Bremen, † 26.1.2000 ebd.), Politikerin. Als Vorstandsmitglied des Bremer Frauenausschusses war sie 1950 Mitbegründerin der Bremer Mütterschule. Ihr Kontakt zu amerikanischen Frauenverbänden führte sie auf eine Vortragsreise durch die USA, wo sie ihre Forderungen nach politischer u. beruflicher Gleich-

Das Grabdenkmal der Familie Lürmann liegt direkt am See

berechtigung von Frauen formulierte. Zudem war L. Vorsitzende des Bremer Frauen-Erwerbs- u. Ausbildungsvereins (1964–73) u. Bürgerschaftsabgeordnete (1959–67).

❖ AA0358–0361

Lorbeerkranz ➢ Kranz

Lürmann, Ludwig August (* 26.11.1866 Bremen, † 19.5.1913 ebd.), Dr. med., Arzt. Das architektonische Grabdenkmal aus oberfränkischem ➢ Muschelkalk liegt direkt am Ufer des ➢ Sees. 1913 wurde es von Carl ➢ Eeg entworfen, der es gemeinsam mit Eduard Runge realisierte. Die ovale, in die Uferschrägung einbezogene Steinbastion ist über seitliche, an die Rundung angepasste Treppen erreichbar. Der obere ovale Inschriftenstein ist von einem schmiedeeisernen Stabgitter umgeben.

❖ EE0346/0349A

Lürmann, Stephan (* 13.3.1764 Iserlohn, † 28.6.1816 Bremen), Kaufmann. Der Urgroßvater des Arztes Ludwig August ➢ Lürmann war Garn- u. Textilhändler. Er stammte aus einer in Iserlohn beheimateten Kaufmanns- u. Ratsherrenfamilie u. begründete eines der bedeutendsten Häuser im Amerikahandel des 19. Jh.

Die ➢ Säule mit korinthischem Kapitell wurde von einem der auf-

gelösten Bremer Friedhöfe überführt. ➢ Friedhofsgeschichte
❖ AA0043A

Lyra ➢ Symbole

Magnussen, Karin (* 9.2.1908 Bremen, † 19.2.97 ebd.), Dr. rer. nat., Biologin, Lehrerin. Durch ihre Zusammenarbeit mit dem Lagerarzt im KZ Auschwitz-Birkenau Dr. Josef Mengele (1911–79) war M. tief in die Konzentrationslagerverbrechen während der NS-Zeit verstrickt. Für ihren Forschungsschwerpunkt, die Vererbung der Augenfarbe bei Kaninchen u. Menschen, den M. am Kaiser-Wilhelm-Institut für Anthropologie, menschliche Erblehre u. Eugenik in Berlin bearbeitete, lieferte ihr der Arzt auf Absprache Augenpaare ermordeter Häftlinge. Nach Kriegsende lebte M. als Gymnasiallehrerin in Bremen u. forschte, referierte u. publizierte über die Ergebnisse ihrer früheren Experimente.
❖ O0081

Magnussen, Walter (* 14.4.1869 Hamburg, † 3.3.1946 Bremen), Prof., Landschaftsmaler, Keramiker, Hochschullehrer.
Magnussen, Anna, geb. Petersen (* 12.5.1871 Schleswig, † 15.11.1940 Bremen), Bildhauerin.
Seit 1901 lebte das Ehepaar in Bremen, wo Walter M. als Lehrer an der Kunstgewerbeschule (heute

Grabsäule zum Gedenken
an den Kaufmann Stephan Lürmann

Walter Magnussen in der neuen keramischen Werkstatt der Bremer Kunstgewerbeschule, um 1922

Hochschule für Künste) seit 1931 als Prof. u. Leiter der Entwurfsklasse unterrichtete. Der künstlerische Nachlass von Walter M. befindet sich im Focke-Museum. Das Ehepaar Magnussen schuf einen Teil des ➢Grabmals der Familie ➢Noltenius.
❖ O0081

Mähl, Johann Diedrich Ludwig (* 31.5.1845 Bremen, † 18.9.1920 ebd.), Asphaltfabrikant. Das Grabmal, aus Oberkirchener ➢Sandstein u. einer ➢Galvanoplastik gefertigt, stellt ein um die Jahrhundertwende beliebtes Motiv dar. Eine weibliche Gestalt lehnt an einem künstlichen Felsen. Gekleidet ist sie mit einem Gewand, das an die Antike erinnert, in der linken Hand hält sie einen ➢Lorbeerkranz u. in der erhobenen Rechten einen Griffel. Soeben scheint sie die Grabinschrift beendet zu haben. Die unter ➢Denkmalschutz stehende Grabstätte befindet sich in einer ➢Grabmalpatenschaft. Die Namensplatte ist einem ➢Metalldiebstahl zum Opfer gefallen.
❖ AA0359/0360

Mammutbaum ➢Gehölze

Marmor. Häufig handelt es sich bei den polierten schwarzen Steinen nicht um M., sondern um dunkle Tiefengesteine wie unterschiedlich gefärbte Granite. Schwarzer M. findet sich z.B. auf der Grabstätte ➢Wendt. Auf dem F.R. wurde vermehrt der sogenannte ➢Untersberger M. eingesetzt, ein heller Kalkstein, der wie M. für Bildhauerarbeiten geeignet ist u. poliert werden kann. Grabstätte ➢Lohmann

Mausoleum. Diese Form der aufwändigsten u. repräsentativsten

Grabmal des Asphaltfabrikanten Johann Mähl mit einer Galvanoplastik. Die auf dem Foto sichtbare Tafel wurde 2014 von Metalldieben entwendet

RUHESTÄTTE
DER
FAMILIE
J. MÄHL

Grabgebäude erlangte durch die Aufhebung der Kirchenbestattung privilegierter Familien seit Beginn des 19. Jh. große Verbreitung. Der Begriff ist abgeleitet von dem Grabmal des kleinasiatischen Königs Mausolos (Mitte d. 4. Jh. v. Chr.). Auf dem F.R. befinden sich die M. an bevorzugten Standorten, zumeist am Ufer des Sees. Grabstellen ➢Rutenberg ➢Schmiedell ➢Melchers ➢Erdmann-Jesnitzer, ➢Wilkens

H. H. Meier in einer Karikatur von Otto Bollhagen, 1898

Meier, Hermann Henrich (* 16.10. 1809 Bremen, † 17.11.98 ebd.), Kaufmann, Reeder. Seit Mitte der 1850er Jahre machte sich M. für eine direkte Dampferverbindung zwischen Nordamerika u. Kontinentaleuropa stark. Gemeinsam mit Conrad Carl Eduard ➢Crüsemann gründete er 1857 den NDL. Die Schiffe der Reederei, die in der 2. Hälfte d. 19. Jh. Weltgeltung erlangten, transportierten Handelsgüter, Post u. Passagiere. Millionen Menschen überquerten unter seiner Flagge den Ozean. M. war zudem Mitbegründer der Bremer Bank (heute Commerzbank) u. Gründungsmitglied (1865) u. erster Vorsitzender der DGzRS.

Im vorderen Bereich der Grabstelle, die in Anlehnung an ein antikes ➢Aedikulagrab gestaltet ist, steht das Grabmal von ➢Crüsemann.

❖ O0025/0026/0104A/0105A

Mende, Martin (* 30.12.1898 Dresden, † 14.2.1982 Bremen), Unternehmer. Bis zum 2. WK leitete M. die Rundfunkgeräte-Fabrik seines Onkels in Dresden. Seine 1948 in Bremen gegründete Fa. Nordmende entwickelte sich zu einem der führenden deutschen Unternehmen zur Herstellung von Radios, Fernsehern, Tonbandgeräten u. Plattenspielern. Die Sozialpolitik des Unternehmers mit 5-Tage-Woche u. Familienurlaub auf Firmenkosten gilt als wegweisend. Das Bremer Werk wurde Ende der 1980er Jahre endgültig geschlossen.

❖ W0257

Transistorradio Mambo von Nordmende für Lang- u. Mittelwelle, 1960/61

Metalldiebstahl. Laut jüngsten Polizeistatistiken klauen die Langfinger auf F. alles aus Metall, was nicht niet- u. nagelfest ist. ➢Grabgitter, Bronzefiguren, Bronzebuchstaben, die Liste ließe sich verlängern. Für die Angehörigen ist diese Störung der Totenruhe

Annemarie Mevissen ist als »Mann auf der Kiste« bei den Straßenbahnunruhen 1968 in Bremen Legende geworden

schmerzlich. Großer Schaden entsteht durch den Diebstahl vieler Unikate der ➢ Friedhofskunst.

Mevissen, Annemarie Gesine, geb. Schmidt (* 24.10.1914 Bremen, † 13.7.2006 ebd.), Bürgermeisterin. Da M. aufgrund ihrer Mitgliedschaft in der sozialistischen Arbeiterjugend 1934 ein Studium untersagt wurde, machte sie eine Ausbildung zur Buchhändlerin. Nach dem Krieg wurde sie Mitglied der SPD, trat 1947 in die bremische Bürgerschaft ein u. wurde 1951 von Wilhelm ➢ Kaisen zur Senatorin für Soziales, Jugend u. Sport ernannt. Zeitgleich begann ihre Mitarbeit im Bremer Frauenausschuss. 1967 erhielt sie als erste Frau das Amt des 2. Bürgermeisters.
❖ GG0664A

Missler, Friedrich (* 7.2.1858 Bremen, † 27.9.1922 ebd.), Kaufmann. 1881 gründete M. eine kleine Vermittlungsfirma für Auswanderer, die sich durch seine Kooperation mit dem NDL zu einer der bedeutendsten in Europa entwickelte. Bis 1935 vermittelte die Fa. M. über 1,8 Mio. Reisende an die Reederei. Gemeinsam mit dem NDL gründete M. 1905 die Bremer Misslerhallen, in denen bis zu

In den Bremer Misslerhallen trafen sich Amerikaauswanderer aus ganz Europa. Foto, um 1911

3.000 Auswanderer bis zur Abreise unterkommen konnten. In der Nähe von Fallingbostel hatte M. 1896 Erholungsheime für kranke Kinder u. Erwachsene aus Bremen errichtet. Die ➢ Urne des Verstorbenen wurde zunächst im ➢ Mausoleum auf dem Buchberg in Achterberg (Dorfmark) beigesetzt, 1956 aber umgebettet.

❖ T0268

Mohn ➢ Symbole

Müller, Ernst, gen. Müller-Scheessel, (* 24.4.1863 Scheeßel, † 11.12.1936 Bremen), Maler, Möbeldesigner. Durch Heirat mit Emilie Roselius (1878–1962), der Schwester des Kaffee-HAG-Produzenten Ludwig Roselius (1874–1943), war M.-S. am Projekt der Bremer Böttcherstraße beteiligt. U.a. richtete er dort 1928 das Museum alter niederdeutscher Kunst u. Volkskultur im Roselius-Haus ein. Er begründete den Verein für niedersächsisches Volkstum mit (1904), ebenso den Bremer Künstlerbund (1918) u. die Volkshochschule (1919). An der heutigen Hochschule für Künste unterrichtete er Aquarellieren u. Glasmalerei.

Sein Grabstein zeigt Lebensbaummotive u. den an niedersächsischen Hallenhäusern typischen Giebelschmuck, gekreuzte Pferdeköpfe. ➢ Reformstil

❖ U0070

Links:
Der von Eduard Scotland u. Alfred Runge gestaltete Grabstein von Ernst Müller-Scheessel steht in der Tradition bäuerlicher barocker Grabkunst, die in den 1930er Jahren eine Aufwertung erfuhr

Daneben:
Ernst Müller-Scheessel: Stehender weiblicher Akt (Öl auf Karton), vor 1936

Moderne Interpretation von Freimaurersymbolen durch die Paten der Grabstätte von Heinrich Müller

Müller, Heinrich (* 2.2.1819 Oberneuland/Bremen, † 8.3.90 Bremen), Architekt. Seit Mitte der 1850er Jahre nahm M. entscheidenden Einfluss auf das Baugeschehen in Bremen. Er plante u. realisierte viele repräsentative Gebäude, wie Hillmanns-Hotel in der Nähe des Hauptbahnhofs, die Neue Börse am Markt und die St. Remberti-Kirche in der Innenstadt, die allesamt während des 2. WK zerstört wurden. Erhalten sind die Melchersbrücke, die Meierei im Bürgerpark u. viele gutbürgerliche Privathäuser. M. war 1856 Mitbegründer u. Präsident des Künstlervereins.

Die Grabstätte des Freimaurers M. wird durch eine ➢ Grabmalpatenschaft erhalten. Das Profilmedaillon schuf Diedrich Samuel ➢ Kropp, mit dem er beruflich u. freundschaftlich eng verbunden war.

❖ W0053/0054

Murtfeldt, Amalie (* 22.3.1828 Bremen, † 28.6.88 ebd.), Malerin. Nach einer vielseitigen künstlerischen Ausbildung u. Studienaufenthalten in Berlin u. Paris kehrte M. 1857 nach Bremen zurück, wo sie zunächst als Zeichenlehrerin an der Höheren Töchterschule von Meta Alber arbeitete. Seit 1868 widmete sie sich ganz der Kunst u. erteilte Malunterricht in ihrem Atelier. M. war insbesondere als Porträtistin des Bremer Großbürgertums bekannt u. beteiligte sich an zahlreichen Ausstellungen des Kunstvereins. Trotz einer von ➢ Fitger organisierten Retrospek-

Selbstporträt der Malerin Amalie Murtfeldt 1861

tive in der Kunsthalle (1889) geriet Bremens bedeutendste Künstlerin des 19. Jh. in Vergessenheit.
❖ W0132

Muschelkalkstein, auch einfach Muschelkalk. Neben Süddeutschland wurde M. auch in den Steinbrüchen des niedersächsischen Höhenzugs Elm gewonnen. M. aus dem Elm kam bereits 1404 nach Bremen, z.B. zur Errichtung des Bremer Rolands.

Nagel, C. A. Wilhelm (* 14.12.1805 Halle, † 26.10.64 Bremen), Theologe, Aufklärer. Als Vertreter des kirchlichen Liberalismus kritisierte N., seit 1842 Pastor an der St. Remberti-Gemeinde, zentrale Dogmen der altkirchlichen Theologie. Dadurch geriet er in Konflikt mit den Orthodoxen der BEK, die seine Absetzung forderten. Diese wurde u.a. durch Bürgermeister ➢ Smidt u. die St. Remberti-Gemeinde verhindert. Es siegte die in Bremen verankerte Gemeindefreiheit.

Auf dem Sockel unter seinem Grabkreuz, das nach Auflösung der alten Friedhöfe überführt wurde, ist zu lesen: »Wir streiten einen würdigen Kampf für Wahrheit und Gerechtigkeit, werden kämpfen und siegen, ob auch die Leiber in Staub verwehen.«

Karikatur zum Disput zwischen Pastor Nagel und seinen Gegnern. Der Schmied in der Mitte soll Johann Smidt darstellen, der Nagel vor den Angriffen schützte

Den Grabstein von Ernst Roselius schmücken Lebensbaumsymbole, die in der Zeit des NS beliebt waren. Sonne und Mond stehen für Tag und Nacht

➢Schmetterling ➢Überführung ❖ Y0250

Nationalsozialismus. Beliebt zu dieser Zeit war die Nachahmung von »Bauerngrabstelen« mit Berufsdarstellungen u. Sinnbildern, darunter z.B. Lebensbaumsymbole (➢Müller-Scheessel ➢Roselius). Auch keltische Motive erlebten eine Renaissance (s. ➢Noltenius, E.). Eine typische Skulptur, eine Frau mit Kind, findet sich auf dem Grabmal Bongartz (❖ Y0421).

Neobarock. Kennzeichnend für diese Stilrichtung sind geschwungene, kraftvolle plastische Formen, die Beschwingtheit ausdrücken. Beispiele dafür sind die Grabstätten ➢Waldthausen u. ➢Wätjen-Berck. ➢Historismus

Neogotik, auch Neugotik. Der auf das Mittelalter zurückgreifende Kunststil, mit seiner Verbildlichung der christlichen Ideenwelt, gehörte zu den frühesten Unterarten des ➢Historismus u. erlebte seine Hochzeit zwischen 1830 u. 1900. Spitzbögen, Pfeiler, Kapitelle und Fialtürme sind für ihn charakteristisch.

Neoklassizismus. Der ➢Klassizismus erlangte in Form des N. an der Wende vom 19. zum 20. Jh. eine Neugeburt. Die Formensprache des N. orientiert sich an der Klarheit u. Strenge der griechischen u. römischen Antike. Bevorzugte Grabmalformen sind ➢Stele, ➢Zippus ➢Obelisk ➢Säule.

JOSEPH·NEUMARK·
GEB·AM·21·JUNI·1838·ZU·WITTMUND·
ZU·BREMEN·
GEB·BALLIN
ZU·OLDENBURG·
ZU·BREMEN·
ANNI·LEUWER·GEB·NEUMARK
DR·MED·ADOLF·NEUMARK
MARIA·NEUMARK·GEB·BISCHOFF
FRANZ·LEUWER

Vorige Doppelseite: Grabstelle von Friedrich Neumark

Neumark, Friedrich (* 19.5.1876 Bremen, † 24.4.1957 ebd.), Architekt. 1907 gründete N. mit Heinrich ➢ Behrens die renommierte Architektengemeinschaft Behrens & N. Wegen seiner jüdischen Abstammung wurde er 1939 zur Emigration nach England gezwungen. Nach seiner Rückkehr 1946 war er »Hausarchitekt« der Deutschen Libby AG u. entwarf mehrere Gebäude mit dem Architekten Herbert Anker (1908–87), u.a. die Ibero-Amerika-Bank in der Obernstraße.

❖ Die Grabstelle befindet sich heute in der Pflanzfläche zwischen dem Grabfeld BB und dem Eingang am Kolumbarium.

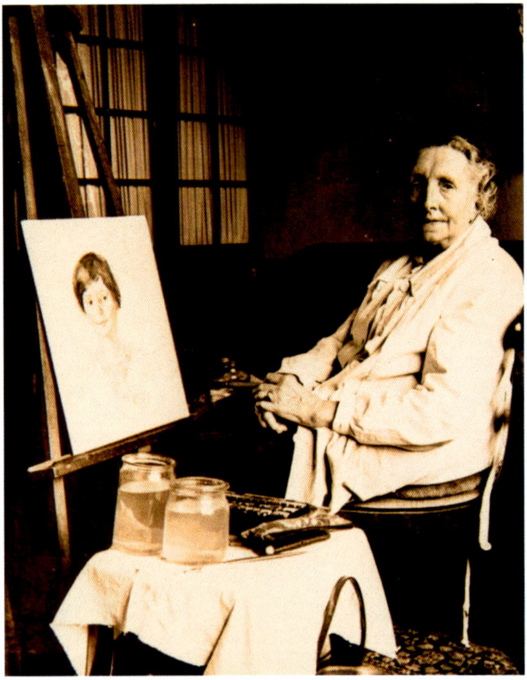

Elisabeth Noltenius an der Staffelei in ihrem Atelier in Meyenburg nach 1945

Noltenius, Elisabeth (* 24.1.1888 Bremen, † 22.2.1964 ebd.), Malerin. N. erhielt eine Ausbildung zur Zeichenlehrerin u. studierte Kunst in München. Nachdem ihre beiden Brüder u. ihre Schwester während des 1. WK u. ihr Vater 1919 gestorben waren, verdiente sie den Unterhalt für sich u. ihre Mutter durch kunstgeschichtliche Kurse u. Auftragsporträts von Kindern. Sie nahm an Gemeinschaftsausstellungen teil u. präsentierte sich ab 1930 auch in Einzelausstellungen.

Das ➢ Jugendstil-Grabmal besteht aus drei ➢ Muschelkalkstelen. Die mittlere, sie trägt ein ➢ Relief mit einem Harfe spielenden ➢ Engel, schufen Walter u. Anna ➢ Magnussen nach dem Tod der drei Geschwister N. im 1. WK.

❖ V0282/0283/0390/0391

Noltenius, Jules Eberhard (* 16.6. 1908 Bremen, † 7.8.76 ebd.), Dr. jur., Jurist, Politiker. N. war Syndikus der Handelskammer (1943), Senator für Häfen, Schifffahrt u. Verkehr (1955–59) u. später 2. Bürgermeister. 1945 war er maßgeblich an der kampflosen Übergabe Bremens an die Briten beteiligt. Er gehörte nach dem Krieg der Fraktion der CDU in der Bremischen Bürgerschaft an. Ebenfalls ist hier seine **Frau Hedwig, geb. Waldthausen** (* 29.5.1913 Woollahra,

»Keltische« Muster, wie hier beim Grabmal von Jules Eberhard Noltenius, wurden während des Nationalsozialismus wiederbelebt

New South Wales, †15.10.1945 Bremen) bestattet, die das Grabmal 1936 in Auftrag gegeben hat.

Das Steinkreuz aus rotem Sandstein ist mit einem vielfältig variierten Bänderrelief verziert, dessen Dekor der frühmittelalterlichen Buchmalerei entlehnt ist. Es wird jetzt durch eine ➢Grabmalpatenschaft erhalten.
❖ AA0037

Nummernstein ➢Friedhofsplan

Obelisk. Eine freistehende, viereckig sich nach oben verjüngende Säule. Vom alten Ägypten über das römische Kaiserreich bis ins bürgerliche 19. Jh. hat der O. eine lange Tradition. Nach 1870/71 wurde er oft auf Kriegerdenkmälern eingesetzt. Seit dem 18. Jh. wird er auf Grabstätten genutzt. Er vermittelt Standhaftigkeit, Reichtum, Ruhm, Unsterblichkeit. In seiner abgebrochenen Form ist er ein Symbol der Trauer. Grabstätten ➢Engelken, ➢Grommé, von ➢Kapff, ➢Waldthausen, ➢Wätjen-Berck. ➢Grabmalformen

Obernkirchener Sandstein ➢Sandstein. U.a. Grabstellen ➢Abbehusen, ➢Bruns, ➢Egestorff, ➢Feldmann, ➢Frischen, ➢Grave, ➢Hoffmann, ➢Lemke, ➢Lürmann, ➢Müller-Scheessel

Olbers, Heinrich Wilhelm Matthias (* 11.10.1758 Arbergen/Bremen, †2.3.1840 Bremen), Dr. med., Arzt, Astronom. In seiner privaten Sternwarte in der Sandstraße machte O., der tagsüber als Arzt u. in den Nachtstunden als Astronom tätig war, bahnbrechende Entdeckungen: Er identifizierte die Kleinplaneten Pallas (1802) u. Vesta (1807) u. entdeckte später 6 Kometen. Mit seiner Schrift über die Berechnung der Kometenbahnen (1797) schuf O. ein 150 Jahre gültiges Standardverfahren. Sein Gedankenexperiment zur End-

Olbers gehörte zur Gruppe der führenden europäischen Astronomen. Lithografie von Rudolf Suhrlandt

Das Vollschiff »Olbers« von 1851 trug als drittes Schiff den Namen des Bremer Astronomen. Seine Vorgänger waren 1828 u. 1838 vom Stapel gelaufen

lichkeit des Universums ging als Olbers'sches Paradoxon in die Geschichte ein.

Nach Auflösung des Herdentorsfriedhofs wurde die Grabstätte auf den F.R. überführt. 6 Sterne an der unteren rechten Ecke des schlichten Grabsteins weisen darauf hin, dass hier einer der genialsten Himmelsforscher seiner Zeit begraben ist. ➢Friedhofsgeschichte
❖ C0007

Öllampe ➢Licht

Ouroboros ➢Symbole

Palmwedel. Als immergrüne Pflanze ist der P. ein Unsterblichkeitssymbol, ein ➢Symbol des Sieges über den Tod. Er findet sich einzeln, gekreuzt, als Girlande oder als Kranz gebunden oft in Kombination mit anderen Elementen. Als wesentliches Symbol der Sepulkralkultur findet er sich auch auf Todesanzeigen u. Trauerschleifen.

Palmzweig ➢Palmwedel ➢Symbole

Parkfriedhof. Die konsequente gartenkünstlerische Gestaltung der F. hat sich Anfang des 19. Jh. entwickelt. Charakteristische Gestaltungselemente waren dabei Hügel, Täler, fließende Gewässer u. stille Wasserflächen. Mit der Einbettung der Grabstätten in eine weiträumige Friedhofslandschaft sollte die Härte des Todes abgemildert werden. Als erster F. im Stil eines Landschaftsgartens wurde 1804 Père Lachaise in Paris eröffnet. Die Mitte des 19. Jh. in Amerika entstandene Parkfriedhofbewegung gelangte in der 2. Hälfte des 19. Jh. nach Deutschland. Die älteste deutsche, vollständig parkartig durchgestaltete Anlage stellt der durch den Bremer Landschaftsgärtner Wilhelm ➢Benque 1869 gestaltete Kieler Südfriedhof dar. 1875 folgte der F.R. Der heute als weltgrößter P. geltende Ohlsdorfer F. in Hamburg, 1877 eröffnet, erlangte Vorbildfunktion für viele weitere F. ➢Friedhofsanlage

Pauli, Gustav (* 2.2.1866 Bremen, † 8.7.1938 München), Dr. phil., Kunsthistoriker, Museumsdirektor. Seit 1899 war P. Mitarbeiter, von 1905–14 Direktor der Kunst-

halle Bremen. Bereits 1899 gründete er die Vereinigung von Freunden der Kunsthalle, die wesentlich zu deren finanzieller Absicherung u. Ausbau beitrug. P. erweiterte die Skulpturen- u. Gemäldesammlung u.a. durch Ankäufe der Wegbereiter der Moderne. Darunter die damals völlig verkannte Paula Modersohn-Becker u. französische u. deutsche Impressionisten. 1911 löste der Erwerb des Mohnfeldes von Vincent van Gogh (1853–1890) einen nationalen Kunststreit aus. Antimoderne u. national motivierte Maler u. Museumsleute kritisierten den Ankauf nicht-deutscher Kunst. Ab 1914 leitete P. die Hamburger Kunsthalle, wo er 1933 von den Nationalsozialisten entlassen wurde.
❖ T0631

Magdalene-Pauli-Denkmal (auch: Magdalene-Melchers-Denkmal) in Knoops Park, Bremen-St. Magnus, Claus Homfeld 2001

Max Slevogt: Gustav Pauli 1924

Pauli, Magdalene, geb. Melchers (* 4.11.1875 Bremen, † 5.8.1970 Hamburg), Schriftstellerin. In hohem Alter veröffentlichte P., die aus einer großbürgerlich-bremischen Kaufmannsfamilie stammte, unter dem Pseudonym Marga Berck ihre Jugendbriefe mit einer Freundin. Hintergrund war die verbotene Liaison mit einem Deutsch-Engländer, die P. im Sommerhaus in Bremen-St. Magnus erlebt hatte. Der Briefroman »Sommer in Lesmona« machte sie bekannt u. wurde 1987 mit Katja Riemann in der Hauptrolle von Radio Bremen verfilmt. Magdalene u. ihr Mann Gustav waren vor dem 1. WK Mitglied im Bremer Freundeskreis Gol-

Clifford Holmead Phillips in seinem Atelier in Brüssel, 1970er Jahre

dene Wolke (nach Goethes Tasso) zur Hebung der modernen Kultur, dem u.a. Alfred Walter ➢Heymel u. Rudolf Alexander ➢Schröder angehörten.
❖ T0631

Pfeiler. Senkrechte Stützen mit rechteckigem, quadratischem oder polygonalem Grundriss, die oft aus Basis, Schaft u. Kapitell bestehen. Eine Sonderform des P. ist der immer auf quadratischem Grundriss stehende Zippus, der aus den Grundelementen Sockel, Schaft, giebelförmige Abdeckung u. Eckakroterien besteht.

Pflüger, Johann Carl (* 18.1.1833 Bremen, † 5.10.83 ebd.), Kaufmann. P. leitete seit 1853 mit seinem Schwager Hinrich Hackfeld (1816–87) die Fa. Hackfeld & Co. auf Hawaii. Sie handelten mit Holz, Textilien, besaßen Zuckerrohrpantagen u. eine Reederei. Um 1870 war ihre Firma die größte im Südseeraum.

Das Familiengrab der Kaufmanns- u. Reederfamilien P., Deetjen u. Geerken ziert eine Marmorskulptur, die Johannes Steinhäuser (1847–92), der Sohn von Carl ➢S. 1890 schuf. In einen Trauerschleier gehüllt, sitzt vornüber geneigt eine junge Frau mit ➢Palmwedel in der Hand, ein ➢Symbol des Paradiesbaumes. Die Grabstelle ist mit gusseisernem Gitter umgeben. ➢Grabgitter ➢Grabmalfigur, ➢Isenberg, P. ➢Hackfeld, J.
❖ K0181A

Phillips, Clifford, genannt Holmead (2.10.1889 Shippensburg, Pennsylvania, † 22.2.1975 Brüssel), Maler. Der Erfinder des »shorthand paintings« wurde besonders bekannt durch seine expressionistischen Porträts, in denen er das menschliche Gesicht auf wenige, typische Merkmale reduzierte. 1931 war P., der in den USA u. Europa lebte, Mitbegründer der American Group, einer Künstlergruppe, die dem Spekulieren mit der Kunst ein Ende machen wollte. Nach P. Tod siedelte seine Witwe, die Bremer Kaufmannstochter Elisabeth P., geb. Fritze (1900–98) mit dem künstlerischen Nachlass nach Bremen über.

P. Urne wurde im Familiengrab Fritze beigesetzt. Die abgebrochene ➢Säule ist ein beliebtes ➢Symbol der Vergänglichkeit.
❖ T0635/0636

Pietät. Meint Ehrfurcht vor den Toten u. respektvollen Umgang mit dem Tod. ➢Sepulkralkultur

Rechts:
Trauernde von J. Steinhäuser auf dem Familiengrab Pflüger

Das von Plate mitgeplante Hemelinger Weserwehr 1981. Es war bis 1993 in Betrieb

Plate, Jürgen Ludwig (* 5.9.1883 Bremen, † 3.9.1967 ebd.), Dr.-Ing. h.c., Wasserbau-Ingenieur, Strombaudirektor, Staatsbaurat. Bereits 1908 war P. beim Bau des Bremer Weserwehrs, einer Turbinenanlage mit zwei Schiffsschleusen, beteiligt. Er war zuständig für die Regulierung der Außenweser u. für die Vertiefung der Unterweser auf 9 m (1925–30). Als Oberbaudirektor für Strom- u. Hafenbau (1933) ließ P. Kohle- u. Erzumschlaganlagen im Bremer Industriehafen errichten u. plante neue Hafenbecken am linken Weserufer. 1960 wurde der Werdersee fertig, wenn auch kleiner als von P. geplant.

Das Familiengrab ist mit dem Vergänglichkeitssymbol der abgebrochenen ➢ Säule geschmückt.
❖ K0005

Pohlmann, Frederica Maria, geb. Glette (* 14.11.1864 Scheibenhard/ Kreis Weißenburg, † 12.1.1907 Bremen).

Pohlmann, Christian Adolf (* 15.10. 1854 Bremen, † 13.7.1915 ebd.), Kaufmann, Handelsagent für Brasilien.

Das 1907 entstandene Grabmal aus ➢ Marmor ist im ➢ Reformstil gehalten. Auffällig ist die nichtidealisierte Darstellung der Bildnisse. An dem aufragenden Kreuz steht in eleganter Haltung mit modischer Frisur u. zeitgenössischem Gewand ein junges, als ➢ Engel dargestelltes Mädchen, eventuell nach einem Porträt der Tochter gestaltet. Sie hält in der Rechten einen Blütenkranz, die Linke hat sie wie fragend in den Nacken gelegt. ➢ Palmwedel u. ➢ Urne

verweisen auf die Vergänglichkeit. Am Postament befindet sich das naturalistische Porträt der P. in modischer Haarfrisur u. zeitgenössischer Kleidung. Die porträthafte Darstellung von Frauen ist im Gegensatz zu Männerbildnissen selten. Die Signatur Lavarello & Jorsegno, Genova verweist auf eine italienische Bildhauerwerkstatt.
❖ AA0339

Naturalistische Porträtbildnisse von Frauen, wie auf dem Grab Pohlmann, sind selten auf dem Riensberger Friedhof

Poppe, Johann Georg (* 12.9.1837 Bremen, † 18.8.1915 Lesum), Architekt. P. errichtete zahlreiche Villen u. Landhäuser, aber auch repräsentative Großbauten, wie das zur Nordwestdeutschen Gewerbe- u. Industrieausstellung (1890) im Bürgerpark eröffnete Parkhaus (ein Vorläufer des heutigen Park-Hotels), die Bremer Baumwollbörse (1902) und die Hauptverwaltung des NDL (1907–12) am Bahnhof. Die vielfach im Stil der Neorenaissance gehaltenen Bauten, kritisch Bremer Barock genannt, waren nicht unumstritten. Zudem entwarf P. die Innenausstattungen von Schiffen des NDL, z.B. die des seinerzeit schnellsten Atlantikdampfers der Welt, »Kaiser Wilhelm II.« (1903). Der Bremer Architekt gestaltete die Grabdenkmäler von

Das von Poppe entworfene Parkhaus im Bürgerpark brannte 1907 ab, Foto 1892

➢ Grommé, Johann Georg ➢ Lohmann u. ➢ Wätjen-Berck.

Auf seiner Grabstelle findet sich P. Bronzeporträt aus der Werkstatt des Bildhauers Hermann ➢ Schubert.
❖ V0519

Porträt. Auf mehreren Grabstätten des F.R. befinden sich zur Erinnerung an die Verstorbenen Abbilder mit individuellen Zügen aus Bronze oder Stein. P. haben deshalb auch Dokumentarwert. Meistens handelt es sich um Männerporträts. Bemerkenswert sind von daher die beiden Porträts von Ottilie ➢ Hoffmann u. Frederica ➢ Pohlmann sowie das Bronzeporträt von Marianne ➢ Wendt an der ➢ Mariannenbrücke. Unter den Porträts von Männern sind interessant: Aus Bronze: ➢ Poppe, ➢ Wendt (von Eberlein), ➢ Feldmann (von Everding), ➢ Fitger (von Sommer), ➢ Duckwitz (von Kropp), Heinrich ➢ Müller (von Everding). Aus Stein: ➢ Lohmann (von Sommer), ➢ Möller (von Kalmsteiner), ➢ Melchers, ➢ Kulenkamp (beide von Kropp).

Der größte Teil des Landes für den Riensberger Friedhof stammte von der Familie von Post. Margarethe von Post, Foto um 1900

Die 1905 erbaute Mariannenbrücke

Post, Margarethe (Metta) von (* 5.12.1838 Bremen, † 31.10.1913 ebd.). Die Tochter des Gutsbesitzers von Riensberg, Isaac von Post (1794–1857) u. seiner Frau Metta, geb. von dem Busch, blieb unverheiratet u. war ab 1890 Alleinerbin des umfangreichen Besitzes. Bereits 1871 hatte die Familie die Hälfte ihres 385 Morgen umfassenden Landes für die Errichtung des F.R. an den Senat verkauft. P. verfügte in ihrem Testament, dass das restliche Gut Riensberg nach ihrem Tod in eine Stiftung überführt werden sollte.

Auf dem wuchtigen, einem antiken Sarkophag ähnelnden Grabmal aus ➢Muschelkalk sind die Wörter »Familie von Post« eingemeißelt. Die Längsseiten sind mit Reliefs aus Rankenwerk u. Wappen geschmückt.
❖ H0109/0110/0128/0129

Reformstil ➢Friedhofsreformbewegung ➢Grabmalreform

Relief. Darstellung, die sich plastisch von einem Hintergrund abhebt, entweder aus dem Grabstein herausgearbeitet oder aus Bronze, Stein etc. aufgesetzt. Grabstätten ➢Stauder (von Carl Steinhäuser), ➢Feuerstein (Marmorrelief, weiblicher Genius von Cauer), ➢Fritz (Hochrelief eines Jungen), ➢Gildemeister (von Roemer), ➢Schopf (1930er Jahre), Kurt ➢Edzard (Sohn mit Adler), ➢Feldmann (Bronzerelief mit Kinderdarstellungen).

Riem, Wilhelm Friedrich (* 17.12. 1779 Kölleda, † 20.4.1857 Bremen), Komponist, Dirigent. Der als musikalisches Wunderkind geltende R. widmete sich nach einem Jurastudium ganz der Musik. 1814 kam er als Organist an den Bremer Dom u. gründete u. leitete ab 1815 die Singakademie, in der Sänger geschult u. Konzerte organisiert wurden. Als 1825 der »Verein für Privat-Conzerte« u. durch diesen eines der ersten bürgerlichen Orchester in Deutschland gegründet wurde, übernahm R. die Direktion der Aufführungen. In dieser Funktion, als Musikdirektor des städtischen Orchesters, Musiklehrer u. Komponist, wurde er zu einer zentralen Persönlichkeit des bremischen Musiklebens.

Den Sockel mit einem Steinkreuz des Bildhauers ➢Kropp ziert das ➢Relief einer Laute mit Notenblatt, umgeben von Eichenlaub. ➢Symbole
❖ H0024

Relief auf dem Grab der Familie Kamlott (❖ U0560)

Rippe, Johannes (* 11.2.1838 Bremen, † 11.5.1908 ebd.), Architekt. Nach den Plänen des einflussreichen Architekten des Bremer Stadtbauamtes entstanden u.a. das Aufseherwohnhaus, die ➢Fried-

Das erste Eingangstor zum Riensberger Friedhof nach einem Entwurf von J. Rippe

hofskapelle u. das ➢ Eingangstor auf dem F.R. In Zusammenarbeit mit Baudirektor A. Schröder (1806–77) realisierte er zudem verschiedene repräsentative Gebäude im Stil der ➢ Neogotik. So die Friedenskirche an der Humboldtstraße, die Jakobikirche in Walle u. die Justizvollzugsanstalt Oslebshausen. ➢ Friedhofsbauten

Ritterhoff, Albert (* 18.7.1869 Bremen, † 26.12.1910 ebd.), Kunstmaler. 1907 übernahm R. die Innenausmalung des ➢ Krematoriums auf dem F.R. Nach einer Malerlehre, dem Besuch der Kunstgewerbeschule u. einer kurzen Zeit als Schüler bei Arthur ➢ Fitger hatte sich R. zunächst als Dekorationsmaler selbständig gemacht. Später zählte sein Unternehmen zu den größten Malerei-Fachbetrieben in Bremen. R. war u.a. an Wandmalereien am u. im Bremer Dom u. im Ratskeller beteiligt, fertigte Wandgemälde in der Martini- u. der St. Remberti-Kirche, im Bremer Schauspielhaus u. im Landsitz Gut Hodenberg. Daneben widmete er sich der Porträtmalerei u. stellte gelegentlich in den Verkaufsausstellungen der Kunsthalle Bremen aus.

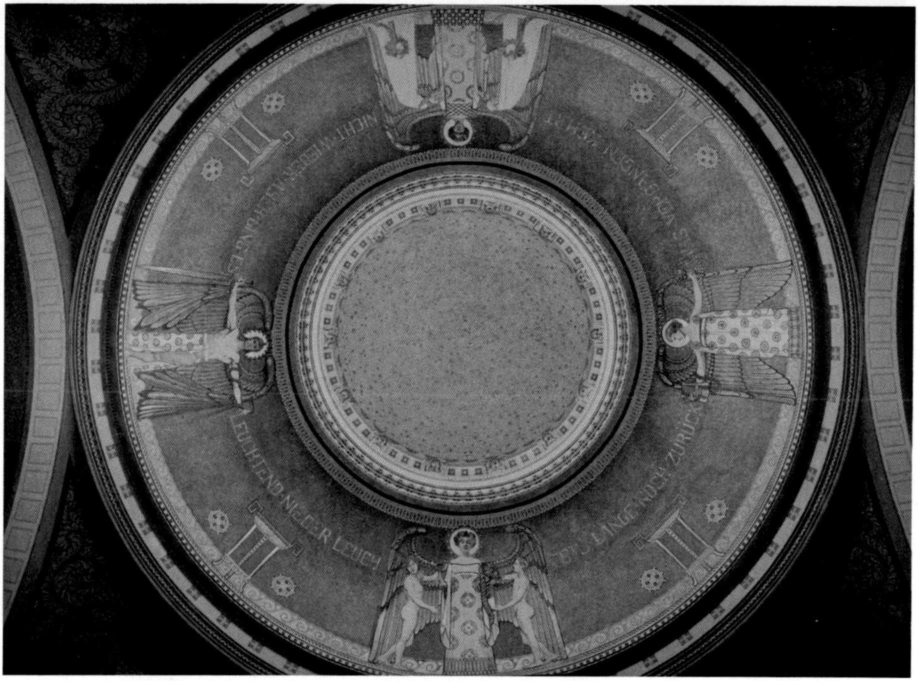

Rohde, Georg Karl (* 30.8.1874 Oldenburg, † 4.3.1959 Bremen), Glasmaler. R. gestaltete 1907 die Fenster u. das Glasmosaik über dem Eingang des ➢ Krematoriums. Das farbige, mit Gold versetzte Mosaik zeigt einen ernst blickenden Frauenkopf, eingerahmt von zwei Trauernden, die den Abschied u. die Vergänglichkeit symbolisieren. Der Handwerker u. Künstler betrieb seit 1906 sein eigenes Atelier in Bremen, wo er und seine Mitarbeiter Glasgemälde für sakrale, öffentliche u. private Gebäude in Bremen schufen. Zahlreiche dieser Glasmalereien sind

Ritterhoff gestaltete die Rundbögen u. die hohe lichtdurchflutete Kuppel des Krematoriums mit Jugendstilornamenten, bestehend aus floralen Mustern u. stilisierten Engelsgestalten, um 1907

Die Deckeninschrift lautete:

»Was vergangen, kehrt nicht wieder /
Aber ging es leuchtend nieder /
Leuchtet's lange noch zurück.«
(Anfang des Gedichtes
»Erinnerung u. Hoffnung«
von Karl Förster 1784–1841)

Folgende Doppelseite:
Glasmosaik von Georg Rohde
über dem Eingang des heutigen Kolumbariums

Rohdes Werkstatt in der Bremer Katharinenstr., um 1910

erhalten, darunter eine Wandmalerei im Bremer Ratskeller, die Fenster in der Kirche der Bremer Egestorff-Stiftung u. die Westrose im Bremer Dom.

Rose. Bereits in der Antike galt die R. als ➢Symbol der himmlischen u. irdischen Liebe. In der fünfblättrigen Luther-R. kommen zwei Traditionen zusammen, die rote R. als Symbol der Wunden des Gekreuzigten u. die R., auf die man gebettet ist im Glück. Die abgeknickte R. steht für das Lebensende, auch für den zu frühen Tod.

Roselius, Ernst (* 2.7.1904 Bremen, † 3.3.41 Bad Rothenfelde), Dr. phil., Zeitungswissenschaftler, Publizist. Der Sohn von Friedrich R., Leiter des Kaffeehauses Roselius & Co., u. Neffe von Ludwig R. (1874–1943), Begründer von Kaffee HAG, entschied sich gegen den Einstieg ins Kaffeegeschäft. 1938 bis zu seinem frühen Tod leitete der studierte Zeitungswissenschaftler die Werbeabteilung von Kaffee HAG.

Seinen Grabstein zieren Sonne, Mond u. Lebensbäume. Er ähnelt dem von Ernst ➢Müller-Scheessel. ➢Licht ➢Reformstil ➢Symbole ❖ U0072

Ruhefrist. Sie ist der vorgeschriebene Zeitraum, der eine angemessene Totenehrung sowie das Ver-

Grabsteinausschnitt mit Rosen

gehen der sterblichen Überreste ermöglicht. Auf den ➢städtischen F. in Bremen gilt als R. für Urnen 20 Jahre, für Särge je nach Bodenbeschaffenheit 25 u. 30 Jahre. In dieser Zeit kann der Platz in der Grabstelle nicht neu belegt werden.

Rutenberg, Lüder (* 8.2.1816 Bremen, † 14.6.90 Bad Harzburg), Architekt. Nach den Plänen R. wurde die Bremer Kunsthalle (1849) gebaut. Seine Miet- u. Reihenhäuser vom Typ des Bremer Hauses prägten weite Teile der Hansestadt. Heute stehen über hundert seiner Bauwerke auf der Bremer Denkmalliste. Das ➢Mausoleum, das an vielen Stellen die Handschrift seines Erbauers zeigt, schuf R. nach dem Tod des einzigen Sohnes Diedrich Christian (* 11.6.1851 Bremen, † ?.8.1878 Madagaskar), dem Augenarzt u. Naturforscher, der während einer Forschungsreise ermordet worden war.

Auf dem Kupferdach des Grabgebäudes ragt eine Frauengestalt als Personifikation der Hoffnung in den Himmel empor. Sie wurde, wie die meisten plastischen Figuren, von Diedrich Samuel ➢Kropp gefertigt. Die Fresken im Innenraum gestaltete A. ➢Fitger. Der Gedenkstein des Bildhauers A. ➢Bock an der Rückseite erinnert an den frühen Tod der Enkelin Helene Auguste Jenisch (1883–94). Er zeigt ein auf ➢Rosen gebettetes schlummerndes Mädchen, das von

Das Rutenberg-Mausoleum steht auf einer Landzunge, die in den künstlich angelegten, buchtenreichen See ragt

einem weiblichen ➢Engel bewacht wird. ➢Symbole
❖ AA0017/0025

Sandstein. Vielfach verwendet wurde der Obernkirchener S. Er ist nach dem Ort Obernkirchen am Bückeberg in Norddeutschland benannt u. wurde bereits bei der Verkleidung des Bremer Rathauses 1602 eingesetzt. Deshalb u. auch weil er auf der Weser über

Abgebrochene Säulen oder auch Obelisken waren als Symbole der Vergänglichkeit beliebt

Bremen nach Dänemark, Schweden, Norwegen, dem Baltikum, der Schweiz, in die Niederlande u. nach Amerika verfrachtet worden ist, heißt er auch Bremer Stein. Seine Beschaffenheit ist feinkörnig-kompakt, so dass er für feinste Bildhauerarbeiten geeignet ist. Er besitzt ausgezeichnete Frost- u. Witterungsbeständigkeit sowie hervorragende Resistenz gegenüber Umwelteinflüssen.

Sarggrab. In den Einzel- oder Familiengräbern können neben Särgen auch ➢Urnen beigesetzt werden. Auf dem F.R. werden S. nur im Bestattungsfall u. wegen der Bodenverhältnisse in beschränktem Umfang vergeben. Hier werden zudem S. in bevorzugter Lage mit einem Gebührenaufschlag angeboten. Sie liegen in natürlicher Umgebung, eingebettet zwischen alten Bäumen, schattenspendenden Alleen u. gepflegten Rasenflächen u. sind von allen Seiten begehbar. ➢Bestattungsarten

Säule. Mit der S. griff man auf klassizistische Formen zurück, meist integriert in die Grabmalarchitektur. Als eigenständiges Grabmal ist die S. Symbol der Vergänglichkeit. Sie findet sich häufig auf einem Sockel mit oder ohne Aufsatz. Besonderer Beliebtheit erfreuten sich auf dem F.R. S. in abgebrochener Form. Sie symbolisieren das verloschene Leben u. die Vergänglichkeit.

Beliebt waren dunkle geschliffene u. polierte Tiefengesteine wie bei den Ruhestätten Schörling (❖ Y0004), ➢ Philipps u. ➢ Plate.

Schauinsland, Hugo Hermann (* 30.5.1857 Rittergut Dedawe, Landkreis Labiau/Ostpreußen, † 5.6.1937 Bremen), Prof. h.c., Dr. rer. nat., Museumsdirektor. Der Zoologe wurde 1887 Direktor der Städtischen Sammlungen. Nach Übernahme der handelskundlichen Sammlung der Nordwestdeutschen Gewerbeausstellung 1890 zog das Städtische Museum für Natur-, Völker- u. Handelskunde 1896 in einen Neubau am Bahnhofsvorplatz um, das heutige Übersee-Museum. Museumsdidaktisch auf der Höhe der Zeit, entschied sich S. bei der Neukonzeption des Museums gegen eine Trennung von Natur- u. Kulturwissenschaft. 1933 wurde er von den Nationalsozialisten zum Rücktritt gezwungen. ❖ X0894

Schiff ➢ Symbole

Schmetterling. Der S., griech. Psyche, verkörpert den Gedanken einer Verwandlung der Seele, im christlichen Glauben die Auferstehung. Das kurze Leben des S. in seiner Schönheit machte ihn auch zum Sinnbild des flüchtigen Lebens u. der Vergänglichkeit. ➢ Symbole, C. A. Wilhelm ➢ Nagel

Das Übersee-museum war Anfang des 20. Jh. mit seinen Schaugruppen didaktisch auf der Höhe der Zeit

Schmidt, Meta E. (* 30.10.1878 Bremen, † 29.1.1941 ebd.), Pädagogin, Autorin, Kabarettistin. 1905 trat S. in den bremischen Schuldienst ein u. unterstützte die schulische Reformbewegung. Am Theater interessiert, verfasste sie für die Jahresfeste des Bremer Lehrerinnenvereins kabarettistische Zeitstücke, die unter ihrer Regie in den »Centralhallen« aufgeführt wurden. Sie selbst bekleidete alle männlichen Hauptrollen. Die Kämpferin für Freiheit u. gegen Unterdrückung schreckte nicht davor zurück, Mitte der 1930er Jahre eine Persiflage auf die NS-Rassengesetze u. die propagierte Mütterlichkeit zu präsentieren. ❖ Y0307

Das Mausoleum Schmiedell /Buhlmann ist eines der imposantesten Gebäude auf dem F.R.

Schmiedell, Hans Theodor (* 22.5. 1903 Batavia/heute Jakarta, † 1.11.23 Rom), Kaufmann. Auf der 88 m² großen Grabstelle ließ der Kaufmann Johann Heinrich S. (1856–1941) das ➢ Mausoleum für seinen jung verstorbenen Sohn errichten. Die Fassade des Jugendstilgebäudes besteht aus poliertem schwarzem Granit. Die Applikationen, die Adler auf den Dachecken (Symbol für die Himmelfahrt Christi) u. die Inschriften (»Dem Gedenken an unseren geliebten Sohn«, »Ave pia anima«) sind aus Bronze gefertigt. Im Zentrum des ➢ neoklassizistisch aus weißem ➢ Marmor gestalteten Innenraums steht die Plastik Amor u. Psyche aus der Werkstatt des römischen Bildhauers Ernesto Gazzeri (1866–1965). Die Kupferketten zur Abgrenzung der Grabanlage wurden von ➢ Metalldieben entwendet. 2006 übernahm die Familie ➢ Buhlmann die ➢ Grabmalpatenschaft für das Mausoleum.
❖ Z0059/0080

Schopf, Eduard (* 8.7.1893 Hockenheim, † 10.6.1935 Motzen/Berne), Kaufmann.

Schopf, Friedel, geb. Hildebrandt (* 30.9.1896 Bremen, † 10.1.1987 ebd.), Unternehmerin.
1920 gründete S. in Bremen die Fa. Eduscho (Eduard Schopf), Kaffee-, Tee-, Kakao-Import mit Versandhandel für gebrauchsfertigen Kaffee. Durch den Bau moderner Betriebsstätten u. Fließbandfertigung entwickelte sich Eduscho bis Mitte der 1930er Jahre zur größten Kaffeerösterei Deutschlands. Nach dem Tod des Firmengründers führte Friedel S. das Unternehmen weiter u. baute es nach der Zerstörung während des 2. WK wieder auf. 1997 an Tchibo verkauft, ist die Firma in Form der Coffein Compagnie in Bremen-Sebaldsbrück Weltmarktführer für die Entkoffeinierung von Kaffee u. Tee.

Die überdimensionale Stele aus Sandstein des Künstlers Herbert ➢ Kubica zeigt ein Figurenrelief mit heroisierenden Darstellungen im Stil der 1930er Jahre.
❖ Z0056a/0058a

Schreiter, Gerhart (* 20.8.1909 Buchholz/Erzgebirge, † 27.4.74 Bremen), Prof., Bildhauer. Seit 1956 lehrte S. neben seiner Tätigkeit als Stein-, Holzbildhauer u. Metallbildner als Leiter der Abteilung Plastik an der Staatlichen Kunstschule (heute Hochschule für Künste) Bremen. Der »Gestalter des Alltags« verstand seine künstlerische Tätigkeit als Dienst an der Gesellschaft u. setzte dieses Anliegen in zahlreichen öffentlichen Aufträgen um. Zu seinen Werken zählen die Bronzeskulptur »Geschwister« für die Schule am Baumschulenweg in Bremen-Schwachhausen, das Ehrenmal für ausländische Tote auf dem F. Osterholz u. der Gedenkstein für das ➢ anonyme Urnenfeld auf dem F.R.

Eine imposante Stele auf der Grabstätte der Familie Schopf

Neben dem Gedenkstein für das anonyme Urnenfeld gestaltete Schreiter um 1962/63 den Grabstein Nagel (❖ W0254)

Die Gestaltung u. Ausführung seines Grabmals übernahm S. Schülerin, die Bildhauerin Renate Albers.
❖ EE0370

Rudolf Alexander Schröder 1927

Schröder, Rudolf Alexander (* 26.1.1878 Bremen, † 22.8.1962 Bad Wiessee), Dr. theol. h.c., Dr. phil. h.c., Schriftsteller, Übersetzer, Dichter, Architekt, Maler. Ab 1908 arbeitete S. in Bremen als Innenarchitekt (u.a. 1912 Bremer Ratssaal u. diverse Luxusdampfer) u. Dichter. Er war Mitbegründer der literarischen Monatsschrift »Die Insel« (1902 Insel-Verlag). Seit 1931 widmete sich S. ganz der Schriftstellerei. Seine protestantische Frömmigkeit u. seine Ablehnung des NS führten ihn in die innere Emigration nach Bergen/Chiemsee u. in die Bekennende Kirche. Maßgeblich wirkte er auf die Vergabe des 1953 vom Bremer Senat gestifteten Rudolf-Alexander-Schröder-Preises ein (seit 1961 Bremer Literaturpreis der Rudolf-Alexander-Schröder-Stiftung), der zu den renommiertesten Literaturpreisen der Bundesrepublik zählt. Einen Skandal rief S. 1960 hervor, als er die Preisvergabe an Günter Grass verhinderte u. dieser mit seinem »Ungedicht« antwortete, in dem er auf die pathetischen Kriegsgedichte S. von 1914 hinwies. ➢ Heymel
❖ U0581

Schubert, Hermann (* 12.6.1831 Dessau, † 24.1.1917 Dresden), Bildhauer. S. schuf zahlreiche Denkmale, Reliefs u. Brunnen. Er war an der königlichen Kunstakademie Dresden Professor u. Hofbildhauer in Anhalt. ➢ Poppe

Schumacher, Hermann Albert (* 15.12.1839 Bremen, † 22.6.90 ebd.), Jurist, Historiker. Der Sohn des Bremer Senators u. Bürgermeisters Isak (Isaac) Hermann Albrecht S. (1780 – 1853) widmete sich neben seiner beruflichen Tätigkeit als Rechtsanwalt u. diplomatischer Gesandter in Kolumbien, New York u. Peru (1872 – 86) regionalhistorischen Studien. Sein gesellschaftliches Engagement galt u.a. dem Bremer Bürgerpark u. dem Künstlerverein.

Der Grabstein seines Vaters aus Obernkirchener ➢ Sandstein wurde wohl auf den F.R. überführt. Das ➢ Relief zeigt ein ➢ neobarockes Doppelwappen, bekrönt von einer Eichenlaub-

Der mittlere Grabstein des Familiengrabes Schumacher wurde auf den F.R. überführt

girlande. Auf den ergänzten Stelen sind Namensplatten aufgebracht.
❖ R0249

Schütte, Carl (* 2.12.1839 Bremen, † 11.2.1917 ebd.), Kaufmann. Mit seinem älteren Bruder Franz Ernst ➢ S. war er einer der bedeutendsten Petroleumimporteure Deutschlands. Beide traten als großzügige Mäzene im sozialen u. kulturellen Bereich auf. S. förderte u.a. die hauswirtschaftliche Bildung von Mädchen, das Übersee-Museum, das Rot-Kreuz-Krankenhaus, den Bürgerparkverein u. die Kunsthalle. Seit 1905 war er Vorsitzender des Kunstvereins.
❖ G0178A

Schütte, Franz Ernst (* 21.11.1836 Bremen, † 11.2.1911 ebd.), Kaufmann. S. zählt zu den bedeutendsten Unternehmerpersönlichkeiten in der Gründerzeit. Seit 1862 leitete er die väterliche Firma u. spezialisierte sich ganz auf das Petroleumgeschäft. Mit seinem Bruder Carl

Landhaus Schütte in Horn. 1953 wurde an dieser Stelle die Kleinstwohnanlage Kohlmannstr. errichtet

Engelsfigur von Adolf v. Hildebrand auf der Grabstelle von Franz E. Schütte

➢S. u. dem Spediteur Wilhelm Anton Riedemann (1832–1919) importierte er das begehrte Petroleum mit Tankschiffen aus den USA. 1890 gründeten sie, gemeinsam mit der Standard Oil Company, die Deutsch-Amerikanische Petroleum Gesellschaft (DAPG) in Bremen, seit 1928 Esso. S. war zudem Mitbegründer (1893) der Reederei Vulkan. Der »Petroleumkönig« finanzierte u.a. den Botanischen Garten (1908), heute Teil des Rhododendronparks, die Domtürme, den Rathausneubau, die Gestaltung u. Erweiterung des Bürgerparks. Die Franz-S.-Stiftung kümmert sich bis heute um Familien in Not u. fördert junge begabte Menschen.

Franz Ernst Schütte, um 1900

Die architektonische Gestaltung der Grabstelle basiert auf einem Entwurf von ➢Eeg & Runge. Die ➢Engelsfigur fertigte Adolf von ➢Hildebrand.

❖ V0237

Schwarzwälder, Herbert (* 14.10. 1919 Bremen, † 11.9.2011 ebd.), Prof. Dr. phil., Historiker. S., der ab 1955 am Gymnasium am Leibnizplatz unterrichtete, lehrte seit 1960 als Professor für Geschichte an der Pädagogischen Hochschule, seit 1971 an der neu gegründeten Universität Bremen. S. gilt als herausragender Chronist, der nahezu sein ganzes berufliches Leben der Erforschung u. Vermittlung bremischer Geschichte gewidmet hat. Seine »Geschichte der Freien Hansestadt Bremen«, die mit vier Bänden zwischen 1975 u. 85 erschien, sowie sein »Großes Bremen-Lexikon« (2001) sind Standardwerke.

❖ W0046

Scotland, Eduard (* 4.7.1885 Bremen, † 20.6.1945 ebd.), Architekt, Grafiker. S. baute zusammen mit Alfred Runge, mit dem er sich 1904 in Bremen selbständig gemacht hatte, zahlreiche Wohnhäuser in Bremen u. 1923 für Ludwig Roselius (1874–1943) die Westseite der Böttcherstraße (das Kaffee HAG-Haus, das Haus St. Petrus u. das Haus des Glockenspiels). Befreundet mit ➢Müller-Scheessel, gehörte er der Heimatschutzbewegung an. Auch zeichnete er als Werbegrafiker für die Inneneinrichtung von Lloyd-

Das Corporate Design von Kaffee HAG entwickelte Eduard Scotland

Dampfern u. das Corporate Design von Kaffee HAG verantwortlich. 1935–44, zeitweilig dem NS nahestehend, unterrichtete er an der Nordischen Kunsthochschule in Bremen (heute Hochschule für Künste) Architektur.
❖ Die Grabstelle ist aufgelöst.

See. Obwohl das Gelände des F.R. zu den höchstgelegenen Flächen Bremens gehörte, war aufgrund des hohen Grundwasserspiegels eine Dränage des gesamten Friedhofsgeländes (ca. 21 ha) bei seiner Anlage notwendig. Auf der Westseite wurde mit Hilfe einer Dampfschnecke ein großer, buchtenreicher See ausgehoben, der mit einem breiten, beinahe den gesamten F. umlaufenden Wasserzug in Verbindung steht. Von diesem führten früher viele geschwungene, kleinere Wasserzüge zu den Grabfeldern. Aufgrund des nicht mehr funktionierenden Dränagesystems sind seit Jahrzehnten einige der Wasserzüge verlandet. Der durch die Ausschachtung des Sees gewonnene Boden wurde zur Aufhöhung des Geländes benutzt, was erstmals die doppelschichtige Belegung eines Bremer F. erlaubte.
➢Eiche ➢Doppelschichtige Bestattungsform

Der See bestimmt das Erscheinungsbild des westlichen Friedhofsteils

Seebeisetzung. Die S. wird von ausgewiesenen Seebestattungsreedereien durchgeführt. Etwa 90% der in Deutschland organisierten

Friedrich Paulus (re.) und Walther von Seydlitz-Kurzbach 1942 in Stalingrad

S. finden in der Nord- u. Ostsee statt, nur etwa 10% auf anderen Meeren. ➢ Bestattungsformen

Segelken, Elisabeth (* 19.2.1888 Bremen, † 30.10.1965 ebd.), Pädagogin, Schriftstellerin. Nach dem Besuch des Lehrerinnenseminars Janson in Bremen arbeite S. als Lehrerin, die meiste Zeit in Bremen-Horn (1913–53). Sie schrieb mehrere Erinnerungsbücher mit dokumentarischem Wert für das Bremer Alltagsleben, u.a. »Aus dem Kinderland einer Bremerin« (1952) u. »Erinnerungen einer alten Lehrerin« (1961). ➢ Begräbniskosten
❖ G0092

Sepulkralkultur. Sie beinhaltet die Kultur des Todes, des Sterbens, des Bestattens sowie des Trauerns u. kann im weitesten Sinne auch als Trauer- u. Begräbniskultur verstanden werden.

Seydlitz-Kurzbach, Walther von (* 22.8.1888 Hamburg, † 28.4.1976 Bremen), General der Artillerie. Weil er die Fortführung des 2. WK für ein Verbrechen hielt, schloss sich der General dem antifaschistischen Nationalkomitee Freies Deutschland an, das deutsche Wehrmachtsangehörige zur Aufgabe des Kampfes aufforderte. In sowjetischer Gefangenschaft wurde S.-K. vom Reichskriegsgericht 1943 in Abwesenheit zum Tode verurteilt; seine Frau Ingeborg (1903–87) 1944 in »Sippenhaft« ins Bremer Polizeigefängnis genommen u. gezwungen, sich scheiden zu lassen. Nach seiner Distanzierung vom Bolschewismus wurde er 1950 zu 25 Jahre Haft verurteilt, 1955 begnadigt u. entlassen. Die Scheidung wurde nach dem Krieg rückgängig gemacht, das Reichskriegsgerichtsurteil wurde vom Landgericht Verden 1956 aufgehoben. Auch Russland rehabilitierte S.-K.
❖ R0175

Smidt, Johann (* 5.11.1773 Bremen, † 7.5.1857 ebd.), Politiker, Bürgermeister, Theologe. Als Vertreter Bremens bei verschiedenen diplomatischen Missionen gelang

Bürgermeister Johann Smidts größte Tat war die Gründung Bremerhavens

es S. 1813 auf dem Wiener Kongress, die Unabhängigkeit der drei Hansestädte (Bremen, Hamburg, Lübeck) durchzusetzen. S. vertrat Bremen auf dem Deutschen Bundestag in Frankfurt. Der Bürgermeister mit Schwerpunkt Kirchen- u. Schulpolitik war verantwortlich für die Ausbürgerung der Juden nach der Franzosenzeit, die diesen gleiche Rechte gebracht hatte. Er erwarb von Hannover das Gebiet für die bremische Gründung Bremerhaven (1827).

Die Grabstelle wurde 1889 vom ➢Herdentorsfriedhof überführt. Das einfache Steinkreuz zeigt an den Kreuzbalken gerundete Sporen, die in der Gesamtschau Teile von gotischem Maßwerk bilden u. als eine stilisierte Darstellung der Dornen Jesu interpretiert werden können.

❖ U0171a-d

Bürgermeister Johann Smidt. Gemälde um 1848, vielleicht von Addig Jaburg

Auf dem F.R. erinnern Gräber an die Gefallenen des 1. und 2. WK

Soldatengräber. Auf dem F.R. gibt es keine spezifische Grabanlage für die im 1. u. 2. WK gefallenen Soldaten. Der Soldatentod wird hier anhand privater Gräber sichtbar, z.B. für den 1. WK am mittlerweile aufgelösten Grabmal Webner (❖ T0506). Carl u. Hermann W. hatten sich als Kriegsfreiwillige gemeldet u. fielen 1915 u. 1917. Im 2. WK wurden im ➢ Krematorium des F.R. osteuropäische Zwangsarbeiter eingeäschert. Sie sollten auf dem F.R. in Massengräbern beigesetzt werden. Doch die Friedhofsangestellten versteckten die Urnen, so dass sie nach Kriegsende auf dem Ehrengräberfeld des Osterholzer F. beigesetzt werden konnten.

Sommer, Walter, Dr.-Ing. (* 26. 12.1908 Griesbach-Rottal, † 22.5. 72 Bremen), Architekt, Stadtbaurat. Das aus Kalkstein bestehende Grabmal stammt aus dem 18. Jh., wohl aus Süddeutschland, u. wurde wieder verwendet. Die Ränder sind mit barocken Voluten, Ranken u. Muschelwerk reich verziert. Im oberen Teil ist eine Kreuzigungsszene mit Maria (mit Schwert) dargestellt, am Sockel befindet sich ein Totenkopfrelief.
❖ FF0125

Souchon, Wilhelm Anton (* 2.6. 1864 Leipzig, † 13.1.1946 Bremen), Vizeadmiral der kaiserlichen Marine. Als Befehlshaber der Mittelmeerdivision trug S. nach Beginn des 1. WK maßgeblich dazu bei, dass die Türkei auf Seiten der Mittelmächte in den Krieg eintrat. Seit 1917 zurück in Deutschland, war er 1918/19 Chef der Marinestation der Ostsee sowie Gouverneur von Kiel. Bei seinem erfolglosen Versuch, den Matrosenaufstand gewaltsam zu beenden, wurden mindestens acht Menschen getötet.
❖ FF0005–0006/0009–0010

Sozialgrab, früher Armengrab. Findet sich nach dem Tod eines Menschen kein Angehöriger u. auch sonst niemand, der sich kümmert, wird er anonym, in einem sogenannten S. beigesetzt. Derartige Grabstellen, die vom Institut für Rechtsmedizin erworben werden, gibt es in Bremen derzeit auf den F. Aumund, Huckelriede, Osterholz, Riensberg u. Walle. Um die oft einsame u. formlose Bestattung würdevoller zu gestalten, schlossen sich 2005 Vertreter aus dem Friedhofs- u. Bestattungsgewerbe

u. der beiden christlichen Kirchen, der Friedhofsverwaltung u. Bremer Bürgerinnen u. Bürger zur Initiative »Letztes Geleit« zusammen. Seitdem begleiten Ehrenamtliche die Beisetzungen, die im jährlichen Wechsel auf verschiedenen Friedhöfen stattfinden. An einem bestimmten Tag jeden Monats findet in der Kapelle des jeweiligen F. eine Trauerfeier für die in den vergangenen Wochen Verstorbenen statt.

Spitta, Theodor (* 5.1.1873 Bremen, † 24.1.1969 ebd.), Politiker, Bürgermeister, Senator. Der Sohn von Carl Wilhelm S. (1825–80), einem im Westindienhandel tätigen Kaufmann u. seiner Frau Meta (1837–1909), der Tochter des Bremer Bürgermeisters Arnold ➢Duckwitz, eröffnete 1900 eine Anwaltskanzlei in Bremen. 1905 erfolgte seine Wahl in die Bürgerschaft, 1911 in den Senat. Der sozialliberale S. wirkte in der Weimarer Republik maßgeblich an der Bremer Verfassung u. an der neuen Verfassung der BEK (1920) mit. 1933 wurde er zum Rücktritt gezwungen. Nach Kriegsende war er erneut Senator u. an der neuen bremischen Verfassung u. dem Grundgesetz beteiligt.
❖ V0095

Städtische Friedhöfe. In der Reihenfolge ihrer Größe zählen dazu: der F. Osterholz, Walle, Riensberg, Huckelriede, Blumenthal, Aumund, Huchting, Hemelingen, Mahndorf, Woltmershausen, Buntentor, Hastedt, Gröpelingen.

Stauder, Jacob (* 1.8.1852 Geinsheim, † 9.11.1923 Bremen), Friseur, Perückenmacher.

Stauder, Jacob Diedrich Peter (* 18.5. 1879 Bremen, † 3.9.1962 Bremen/Blumenthal), Direktor des NDL.
Das ursprünglich auf dem Podest stehende Kreuz ist nicht mehr vorhanden. Das Marmorrelief in der Rundbogennische zeigt den auferstandenen Christus mit den ➢Symbolen der vier Evangelisten Johannes (Adler), Markus (Löwe), Lukas (Stier), Matthäus (Mensch) u. eine Frau, Maria oder Magda-

Bürgermeister Theodor Spitta um 1960

Marmorrelief der Grabstätte Stauder mit christlichem Motiv der Auferstehung, signiert »C. Steinhäuser Fec.«

STEIN
V HARBOU

lena, die von einem Engel geführt wird. Unterhalb befindet sich eine lat. Inschrift (Jesaia 53, 5): »Durch seine Wunden sind wir geheilt«. Das Relief ist signiert »C. Steinhäuser Fec.«. Da C. ➢Steinhäuser von 1813–79, lebte wurde möglicherweise ein älterer Grabstein für dieses Grabmal von 1923 verwendet. Es befindet sich seit 2011 in einer ➢Grabmalpatenschaft.
❖ AA0106/0106a

Stein, Adolf (* 17.8.1865 Elsfleth, † 9.11.1930 Bremen), Kaufmann.
Stein, Guste, geb. Ficke (* 29.11. 1873 Friedrichsdorf, † 16.8.1950 Bremen).
Die Gestaltung des Grabmals aus ➢Untersberger Marmor u. Travertin ist wohl der Tatsache des frühen Todes von Günther S. (* 2.8.1898 Bremen, † 22.3.1918, St. Emilie/Flandern) u. Helene Helmke (* 27.5.1895 Bremen, † 27.10.1918 Berlin) geschuldet. In einem strengen Steingehäuse in ➢Aedikulaform steht eine weibliche Statue in loser Gewandung. Mit ernstem, gesenktem Blick hält sie einen Rosenstrauß vor der Brust. Die von Roland ➢Engelhard geschaffene Skulptur ist entsprechend dem Anspruch der Reformbewegung ausdrucksstark u. zugleich schlicht gestaltet. Die Grabstelle befindet sich in einer Patenschaft.
➢Reformstil ➢Grabmalpatenschaft ➢Rose
❖ FF0138–0140

Steinhäuser, Carl (* 3.7.1813 Bremen, † 9.12.79 Karlsruhe), Bildhauer. Laut Meyers Konversations-Lexikon (1888–90) zählen S. klassizistische Marmorskulpturen »zu den vorzüglichsten Schöpfungen der deutschen Plastik im 19. Jahrhundert«. Der Sohn eines Holzbildhauers studierte bei dem meistbeschäftigten deutschen Bildhauer jener Zeit, Christian Daniel Rauch (1777–1857), an der Akademie der Künste in Berlin. In Bremen schuf er die Denkmäler für Heinrich Wilhelm ➢Olbers u. Johann ➢Smidt, die sogenannte Steinhäuser Vase u. eine »Gefesselte Psyche«. 1864 ging S. als Prof. an die Kunstschule Karlsruhe.

S. schuf die Skulpturen u. ➢Reliefs auf den Grabstätten von J. u. E. ➢Höpken u. J. ➢Stauder, sein Sohn Johannes (1847–92) die Figur auf dem Grab von J. C. ➢Pflüger.

Steinmetz, Otto Herbert (* 19.10. 1908 Elstertrebnitz, † 30.11.86 Bremen), Schauspieler. Ab Anfang der 1960er Jahre übernahm der Bühnenschauspieler vermehrt Rollen in Film- u. Fernsehproduktionen. Verschiedentlich unter der Regie von Rainer Werner Fassbinder, u.a. in »Berlin Alexanderplatz«, »Effi Briest«, »Lili Marleen«, »Lola« u. »Die Sehnsucht der Veronika Voss«. Einem breiten Publikum wurde er bekannt durch Fernsehkrimis, u.a. der Tatort-Reihe

Links: Die Statue der Grabstätte Stein/v. Harbou wurde von Roland Engelhardt geschaffen, Foto 1978

Denkmal für Wilhelm Olbers in den Bremer Wallanlagen von Carl Steinhäuser, 1848, Foto 1969

Otto Herbert Steinmetz als Joschi Bennarsch in der Fernsehserie Lindenstraße

u. Fernsehserien, wie der »Lindenstraße«, wo er die Rolle des Joschi Bennarsch verkörperte. S. starb nur wenige Tage nach dessen Serientod.
❖ CC01786

Steinmetz. Eine Spezialisierung zum Grabmal-S. erfolgte erst mit der allgemeinen Verbreitung von Steingrabmalen im 19. Jh. Der S. erstellte die Grabmale auf der Grundlage überlieferter Formen oder anhand von Muster- u. Vorlagenbüchern. Früher führte er auch oft Entwürfe akademischer Bildhauer aus. Daneben konnten auch Grabmale aus der industriellen Grabmalproduktion bei ihm erworben werden. Als reines Bestattungsgewerbe verlegten Steinmetzbetriebe Anfang des 20. Jh. ihre Werkstätten in die Nähe der F. ➢ Bestattungsgewerbe

Stele ➢ Grabmalformen

Steudel, Friedrich (* 27.9.1866 Tuttlingen, † 9.11.1939 Bremen), Pastor. 1897 erhielt S. einen Ruf an die St. Remberti-Gemeinde. Aus seiner vorigen Stelle in Weinsberg hatte man ihn wegen seiner freien Theologie entlassen. Als Vertreter einer Reformtheologie gehörte S. zum Kreis der sogenannten Bremer Radikalen u. gab deren Organ »Bremer Flugschriften aus dem Geisteskampf der Gegenwart« mit heraus. Er stritt nicht nur während des 1. WK für Feindesliebe und Freiheit. Als Zeugnis seiner Naturverbundenheit verfasste er ein vielbeachtetes »Bremer Wanderbuch«. 1933, mit Beginn des NS, ging S. in den Ruhestand.
❖ CC1161

Strothotto, August Heinrich (* 12. 8.1871 Peine, † 15.6.1952 Bremen),

Marmornes Jugendstilgrabmal der Grabstätte Strothotto, Foto 1978

Oberpostsekretär. Das ➢Jugendstilgrabmal aus ➢Marmor ist fast identisch mit dem der Familien Kamlott (U0560) u. Drünert (V0635). Anstelle der dortigen Rosenranken über dem Kreuzesbalken finden sich hier ➢Palm- oder Weidenzweige. Dargestellt ist eine an ein Kreuz gelehnte weibliche Gestalt mit gesenktem Haupt u. losem Gewand, die in der herabhängenden linken Hand eine ➢Rose hält. Am Sockel lautet die Inschrift: »Die Liebe höret nimmer auf.« Das Grabmal wird im Zuge einer ➢Grabmalpatenschaft weiter erhalten.
❖ Q0414

Stundenglas ➢Symbole

Susemihl-Gildemeister, Lissy (Félicie) (* 22.8.1862 Bremen, † 8.2.1945 Dresden), Schriftstellerin. Die Tochter des Bremer Bürgermeisters O. ➢Gildemeister veröffentlichte zahlreiche Artikel über Kunst u. Literatur, gab die bremische Monatszeitschrift »Güldenkammer« heraus, später dann die Briefe ihres Vaters (1922). S.-G. gehörte zum rechten Flügel der bremischen bürgerlichen Frauenbewegung, begründete den schöngeistigen Frauenclub von 1908 u. den Hausfrauenverein Bremen 1915 mit. Nach ihrem Tod wurde sie in das ➢Familiengrab Gildemeister überführt.
❖ W0013/0014

Lissy Susemihl-Gildemeister

Symbole. S. sind Sinnbilder, ein bildhaftes, anschauliches, wirkungsvolles Zeichen, das für einen Begriff oder Vorgang steht. Sie entstammen antiken, christlichen u. weltlichen Motiven. Man unterscheidet religiöse S. u. personenbezogene S. Mit zunehmender Säkularisierung wurden religiöse S. vielfach zu allgemeinen S., wie z.B. das ➢Kreuz, das aus dem christlichen Kontext stammend allgemein für Sterblichkeit steht. Auf dem F.R. finden sich viele klassizistische, der Antike entlehnte S. Ihre Bedeutung umfasst prospektive Gedanken, Sinnbilder ewigen Lebens wie den ➢Schmetterling, den Akanthus (Bärenklau) mit großen, stark ausgerandeten Blättern oder der Aufopferung wie den Pelikan, der später im

Zahlreiche Symbole der Vergänglichkeit, Hoffnung und Unendlichkeit wie Rosen, Pelikane, Kränze, Palmwedel, Öllampen, Tücher und Schmetterlinge zieren die Grabdenkmale des F.R.

Daneben finden sich auch Berufssymbole, z.B. das Schiff für Kapitäne, und Freimaurersymbole, wie Winkel und Zirkel

EDUARD BECK
ANNA BECK
GEB. FECHNER
GEB. 13.12.1863 GEST. 22.4.1954
EDMUND BECK
GEB. 5.2.1886 GEF. 23.7.1915
Dr. WALTER BECK
GEB. 18.6.1887 GEF. 30.8.1915
FRITZ BECK
GEB. 13.1.1889 GEF. 16.3.1916
FRIEDA BECK
GEB. 15.7.1890 GEST. 30.9.1952
GERTRUD BECK
GEB. 13.8.1892 GEST. 8.1.1974

christlichen Kontext für die Auferstehung Jesu steht. Hierfür steht auch der ➢Palmzweig. Ein Kreis bezeichnet den sich immer wiederholenden Lebenskreislauf, z.B. in Form der sich in den Schwanz beißenden Schlange (Ouroboros) (Johann Heinrich ➢Bruns) oder des Efeu-➢Kranzes. Hinzu kommen Vergänglichkeits-S. wie das Stundenglas, die antiken Attribute des ➢Thanatos (Gott des Todes), die gesenkte ➢Fackel, das Totenschiff, der Mohn oder die gebrochene ➢Säule, die ➢Urne u. die abgeknickte oder verwelkende ➢Rose. Auch Musikinstrumente wie die Lyra gehören als Zeichen der Flüchtigkeit des Schalls dazu. Darüber hinaus finden sich berufsbezogene S., z.B. der Aeskulapstab für den Mediziner oder die Kogge für die bremische Schifffahrt. Aufgrund der großen Tradition gibt es zahlreiche Freimaurer-S. auf dem F.R., wie den Zirkel, das Pentagramm oder die Winkelwaage. Im ➢Jugendstil waren S. des ➢Lichts, wie die aufrechte Fackel, beliebt.

Teichmann, Gustav Adolph (* 1838, † 16.12.92 Bremen), Kaufmann. Um 1890 vermachte T. der Stadt Bremen Geld für einen Monumentalbrunnen auf dem Domshof. Der 1899 eingeweihte Teichmannbrunnen wurde von dem Münchner Bildhauer Rudolf Maison (1854–1904) ausgeführt u. zeigte ein Boot in bewegter See mit Neptun u. Nixe, geleitet von Merkur auf dem Schiffsbalken. Er fiel während des 2. WK einer Metallspende zum Opfer.

Mittelpunkt der Grabstätte ist ein männlicher Marmorengel, der Blick u. Zeigefinger in den Himmel richtet. Er wurde von Diedrich Samuel ➢Kropp geschaffen, anlässlich des Todes von Ida Lucie Louise (1840–90), T. »unvergessliche(r) Schwester«. ➢Engel
❖ W0196

Thanatos. Geflügelter Todesgenius, meist stehend mit geschlossenen Augen dargestellt, sich auf die gesenkte Fackel stützend. ➢Symbole

Thimme, Magdalene (* 3.11.1880 Lohr, † 12.5.1951 Bremen), Pädagogin, Theologin. Seit 1913 unterrichtete T. am Lyzeum u. Oberlyzeum Kippenberg in Bremen. Nach

Links: Der Engel in Tracht eines Kreuzritters, ein Thanatos, des Bildhauers Roland Engelhardt könnte im 1. WK entstanden sein, in dem mehrere Söhne der Familie Eduard Beck gefallen sind. Der Kopf der Figur ist verschollen (❖ AA0169)

Männlicher Engel von Samuel Kropp auf dem Grab von Gustav Adolph Teichmann

Fortsetzung ihrer theologischen Studien 1926/27 bei Karl Barth in Münster wurde sie 1934 in den Bruderrat der Bekennenden Gemeinde Bremens gewählt. Damit war T. die erste Frau mit einer Leitungsfunktion in der bremischen Kirchengeschichte. Aufgrund ihrer ablehnenden Haltung gegenüber dem NS erfolgte 1938 die Zwangspensionierung der bekennenden Christin u. Pazifistin.
❖ Y0921

Fenster im Krematorium/ Kolumbarium auf dem F.R. von Will Torger

Thuja (Lebensbaum) ➢ Gehölze

Torger, Will (* 25.5.1910 Barmen, † 22.6.84 Bremen), Glasmaler. T. gestaltete 1952 die Glasfenster im ➢ Krematorium auf dem F.R. Geprägt von Künstlern wie Pierre Soulages u. Alfred Manessier, mit dem ihn eine persönliche Freundschaft verband, bekannte sich der Maler u. Restaurator des Focke-Museums »vorbehaltlos zu einer abstrakten Malerei, die losgelöst von Realitätsbezügen aus sich selbst heraus, aus dem Geist der Farben u. Linien, existierte« (Weser-Kurier, 17.7.1984). Außer einem umfangreichen bildnerischen Werk sind von ihm zahlreiche Kirchenfenster erhalten, u.a. im Bremer Dom, in St. Georg in Bremen-Huchting und in der Paul-Gerhardt-Gemeinde in Bremen Rönnebeck-Farge.

Trauernde. Als meist idealisierte, sentimentale u. jugendliche Frauengestalten in antikisierenden Gewändern sind T. auf dem F.R. häufig zu sehen. ➢ Engel ➢ Galvanoplastik

Überführung der Grabstellen. Alle Besitzer eines Grabes auf dem Doven- oder Herdentorsfriedhof hatten nach Schließung Anspruch auf eine neue Grabstelle auf dem F.R. und dem F. Walle. Zwischen März u. Juli 1875 wurden 1.530 Gräber mit den dazugehörigen

Grabmalmonumenten überführt, weitere folgten. Die Umbettung von Leichen war wegen des Aufwands u. aus gesundheitspolitischen Gründen nicht gestattet. Eine der wenigen Ausnahmen war die Umbettung von Bürgermeister ➢Smidt, dessen Beerdigung 1857 auf dem Herdentorsfriedhof stattgefunden hatte. Umbettungen werden auch heute nur in begründeten Ausnahmen erteilt, maßgeblich ist hier der Wunsch des Verstorbenen. ➢Friedhofsgeschichte

Umbettung ➢Überführung

Untersberger Marmor ➢Marmor

Upmann, Hermann Diedrich (*1.5.1816 Bielefeld, †9.1.94 Bremen), Zigarrenfabrikant. 1844 gründeten U. u. sein Bruder August (1818–73) eine Zigarrenfabrik auf Kuba. Die Marke Upmann entwickelte sich zu einer der beliebtesten Zigarrensorten. Ihr wirtschaftlicher Niedergang im 1. WK führte zum Verkauf der Firma, doch die Marke wird bis heute in Havanna produziert.

Mittelpunkt der Grabanlage ist die von Johann Georg ➢Poppe entworfene u. von August ➢Sommer ausgeführte weibliche Marmorskulptur »Hoffnung« in betender Haltung. Einer barocken Stifterfigur ähnelnd, stützt sie sich auf ein schlankes ➢Kreuz neben einem Anker u. wacht »gleich-

Die Marmorskulptur der »Hoffnung« auf der Grabstätte Upmann von J. G. Poppe, Foto 1978

Ein Urnengarten auf dem F.R.

sam wie eine Schutzpatronin über die vielen Gräber zu ihren Füßen« (Fitger 1900). ➢Trauernde
❖ AA0090b

Urne. Die U. ist ein Gefäß zur Aufnahme der Asche nach der Feuerbestattung. Die eigentliche Aschenkapsel, die in der Regel aus vergänglichem Material besteht, wird von einer sogenannten Schmuckurne umschlossen. Diese wird aus Metall, Holz u. Keramik angeboten, kann aber auch individuell gestaltet sein. Für See- oder Baumbestattungen werden biologisch abbaubare Aschekapseln u. Urnen verwendet, die sich schneller zersetzen u. die Asche an das Meer oder den Waldboden freigeben. Als Bekrönung des Grabmals oder in Nischen von Grabsteinen ist die U. in der ➢Sepulkralkultur ein Symbol der Vergänglichkeit. ➢Symbole ➢Bestattungsarten

Urnengarten. Der U. ist eine Gemeinschaftsanlage, bei der die Namen der Bestatteten auf einem gemeinschaftlichen Grabmal vermerkt werden. Gestecke u. Blumen ermöglichen das persönliche

Gedenken. U. gibt es auf verschiedenen Friedhöfen. Ein U. exklusiv für Partner befindet sich allein auf dem F.R. Am Ufer des Sees, integriert in eine alte Grabanlage, ruhen die Urnen, eingerahmt von historischen Mauern. Eine darüber befestigte Schriftplatte trägt die persönlichen Daten der Verstorbenen. ➢ Bestattungsarten

Urnengrab. Auf dem F.R. gibt es Urneneinzel- u. Urnenfamiliengräber, für bis zu 6 Urnen. Ebenso stehen Urnenfamiliengräber in bevorzugter Lage zur Verfügung, die von allen Seiten begehbar sind u. bis zu 12 Urnen aufnehmen können. ➢ Bestattungsarten

Urnenhain. 1910 wurde auf dem F.R. (Feld DD) ein sogenannter U. angelegt. Hier fanden Urnengräber ohne feste Einfassung u. Abgrenzung, jedoch nach festgelegtem Plan, ihren Platz. Ebenfalls sollten hier Urnen auf Sockeln u. Postamenten aufgestellt werden. Die Beisetzung erfolgte kostenlos. ➢ Bestattungsarten

Uses the Sword, genannt Moskito aus Dacotah (* ca. 1872 Pine Ridge Reservation/South Dakota, † 9.9.90 Bremen). Der »Sioux-Indianer« gehörte zur Company von William Frederick Cody, besser bekannt als Buffalo Bill (1846–1917), der mit seiner erfolgreichen Wild West Show im September 1890 in Bremen haltmachte. Während einer Aufführung, in der wie üblich auch »exotische« Menschen präsentiert wurden, griff ein Stier den 18-Jährigen so schwer an, dass er an seinen Verletzungen starb. Der junge Mann wurde am 13.9.1890 auf dem F.R. beigesetzt. Sein Grab existiert nicht mehr.

Verdrängung des Todes. Seit Mitte des 18. Jh. wurde der Tod im Zuge der Aufklärung mehr u. mehr als Bestandteil des Lebens ausgegrenzt. Man bezeichnete ihn nun euphemistisch als Schlaf. Dieser Vorstellung folgte die Friedhofsgestaltung des 19. Jh., die »erbaulich« sein sollte, um niederdrückende Gedanken einzudämmen. Einer der Höhepunkte dieser Entwicklung ist der ➢ Parkfriedhof.

Mit Einführung der Kremierung wurden Urnengräber häufig durch Schmuckurnen kenntlich gemacht

Mitglieder des Bremer Vereins für Feuerbestattung u. Vertreter auswärtiger Vereine bei der Eröffnung des Bremer Krematoriums am 24.2.1907

Verein für Feuerbestattung Bremen e.V. Der V. wurde am 1.1.1893 von neun Bremer Bürgern gegründet. Sein Hauptzeck bestand in der Einführung der fakultativen Feuerbestattung, der Herstellung u. dem Betrieb der erforderlichen Anlagen sowie der Beschaffung der nötigen Geldmittel. Öffentlichkeitswirksame Aktionen, wie die Verteilung einer »besonders ausgestattete[n] Nummer der Flamme« u. die Präsentation einer »Crematistischen Ausstellung« im Gewebemuseum (heute Überseemuseum), warben dafür. 1910 verzeichnete der Verein 1.550 Mitglieder u. stand damit an 7. Stelle von insgesamt 170 Hauptvereinen im deutschsprachigen Raum. 1951 wurde der V., dessen Mitgliederzahlen seit Ende der 1920er Jahre zurückgingen, aufgelöst.

Vinnen, Friedrich Adolf (* 19.4. 1868 Bremen, † 11.5.1926 ebd.), Reeder, Unternehmer, Politiker. 1896 trat V. in die seit 1797 im Familienbesitz befindliche Ree-

derei E.C. Schramm & Co. ein (seit 1912 F.A. Vinnen & Co.). Sogleich gründete er in Nordenham die Deutsche Dampffischerei-Gesellschaft Nordsee mit zeitweise größter Hochseefischereiflotte der Welt u. eröffnete 1896 das erste Nordsee-Restaurant in Bremen der späteren Restaurantkette. Unterstützt von seiner Frau Magdalene, geb. Volkmann (1884–1963), setzte V. zeitlebens auf die Segelschifffahrt u. trat erfolgreich in Konkurrenz zur aufkommenden Dampfschifffahrt. Die »Magdalene Vinnen« war 1921 u. ist bis heute das größte Segelschiff der Welt (3.709 BRT). V. war Mitglied in zahlreichen Reeder-Vereinigungen, in der Bremer Handelskammer u. ab 1900 Mitglied der Bremischen Bürgerschaft. Wohltätig arbeitete er als Vorsteher des Hauses Seefahrt u. als Diakon in der Liebfrauengemeinde.
❖ Z0192–0195

Der Reeder Adolf Friedrich Vinnen, Anfang 20. Jh.

Grabmal der Familie Waldthausen

Waldthausen, Emil (* 14.12.1844 Essen, † 22.12.88 Bremen), Kaufmann, Inhaber der Fa. E. Waldthausen & Co in Bremen.
Marie Waldthausen, geb. Lohmann (* 27.2.1862 Bremen, † 10.1.1937 ebd.).
Das Grabmal von W. u. seiner Frau Marie, der Tochter des Direktors des NDL, besteht aus einem volutengeschmückten Granitsarkophag, darauf steht ein ➢ neobarocker ➢ Obelisk, der im unteren Teil eine Schriftplatte aus Bronze mit dem Familienwappen trägt. Ehemals waren am Postament des Obelisken zwei Putten aus Bronze vorhanden.
❖ AA0034/0034a/b/c

Wasserreinigung
Um das phosphor- und eisenhaltige Wasser des Riensberger Sees

In der Mitte die Bronzebüste von Christian Heinrich Wätjen von Constantin Dausch

zu reinigen, wurde im Jahr 2000 auf dem Gelände des Lagerplatzes ein neuer Bodenfilter gebaut. Mit Hilfe von Pumpen wird das Seewasser zum Filter transportiert, dort versprüht, gereinigt und dann wieder in den See eingespeist. 50 % der Nährstoffe können so aus den Friedhofsgewässern entnommen werden. Durch die Förderung von Grundwasser seit dem Jahr 2011 gelingt es außerdem, Sauerstoff in die Gewässer einzuspeisen und auch bei Niedrigwasserständen für eine verlässliche Gießwasserversorgung zu sorgen.

Wätjen, Christian Heinrich (* 30.1.1813 Bremen, † 28.2.87 ebd.), Kaufmann, Reeder. W. führte ab 1837 die väterliche Im- u. Exportfirma D. H. W. u. Co. durch Tabakimport, Walfischfang u. Engagement im Auswanderergeschäft zu großem Erfolg. Die Reedereiflagge, ein weißes W in blauem Feld, ist als »Flying W« das Wahrzeichen der größten bremischen Segelschiffflotte geworden.

Das von Heinrich ➢Müller gestaltete Familiengrab aus Granit ist von einem ➢Kreuz bekrönt. In der mittigen ➢Aedikula steht

Grabstätte Wätjen-Berck mit reich verziertem Grabgittter

eine Bronzebüste W. aus der Werkstatt des Bildhauers Constantin ➢ Dausch. Die große, rechteckige Grabstätte ist von einem schmiedeeisernen Zaun (➢ Grabgitter) umgeben, an dem sich Medaillons mit den Namen weiterer Familienmitglieder befinden.
❖ W0201/0202/0227/0228

Wätjen, Eduard (* 27.3.1848 Bremen, † 27.10.1928 ebd.) Kaufmann, Bankier, Inhaber der Fa. Hermann Wätjen. Das von Johann Georg ➢ Poppe entworfene Grabmal der Familien Wätjen-Berck zeigt auf einem geschwungenen Unterbau, dessen Inschrift wie ein ornamentales Türschild gestaltet ist, eine von Fritz Kallmeyer u. Rudolph ➢ Lauer gefertigte ➢ neobarocke Puttogruppe aus Bronze mit Lorbeerkranz u. Girlande. Der Unterbau, gestützt von seitlichen Doppelvoluten, trägt einen von einem Kreuz bekrönten ➢ Obelisken, an dem über gekreuzten ➢ Palmwedeln ein von zwei Putten gehaltenes u. umschwebtes Porträtmedaillon von W. angebracht ist. Im rückwärtigen Teil der von einem ➢ Grabgitter begrenzten Grabstätte stehen zwei Bänke. An deren Rücklehnen sind Namen von Familienangehörigen zu lesen, die auf einem der aufgelösten Friedhöfe beerdigt worden waren. ➢Friedhofsgeschichte ➢Symbole

❖ W0004a–0006a/0096/0108b/0171

Wendt, Hermann Otto (* 25.12. 1847 Bremen, † 14.11.1920 ebd.), Kaufmann. Teilhaber von Wendts Cigarrenfabriken AG. 1919 rief W. die Hans-Wendt-Stiftung mit einem Stiftungsvermögen von 3 Mio. Mark ins Leben. Sie richtete eine »Erholungsstätte zur Pflege erholungsbedürftiger, aber nicht kranker Kinder, ohne Unterschied des Religionsbekenntnisses« auf seinem Hof Am Lehester Deich ein. Den Vorsitz übernimmt bis heute laut Stifterwillen der für Jugendwohlfahrt zuständige Senator der Hansestadt Bremen. Die ➢Mariannenbrücke in der Nähe des Familiengrabes widmete W. dem Andenken an seine Frau Marianne, geb. Elfeldt (1862–1900).

Die Grabstätte nahe dem See wurde anlässlich des frühen Todes des Sohnes Hans (1883–99) u. seiner Ehefrau Marianne 1902 errichtet. Die Mitte ziert ein Porträt W. aus Bronzeguss von dem Bildhauer Gustav ➢Eberlein. Es enthält einen Zahlendreher »1874« anstelle »1847«. Bekrönt wird die Grabstätte von zwei Feuerschalen.

❖ Z0049

Das Bronzeporträt von H.O. Wendt ist Teil der Familiengrabstätte

Wiegand, Heinrich, Dr. jur. (* 17.8.1855 Bremen, † 29.3.1909 Bad Homburg v.d. Höhe), Rechtsanwalt, Generaldirektor des NDL. Der auf Handels- u. Seerecht spezialisierte W. vertrat zunächst den NDL rechtlich, bis er 1892 zum Direktor, 1899 zum Generaldirektor aufstieg. Er baute den Lloyd zu einer der größten deutschen Reedereien aus, vergrößerte die Flotte durch die neuartigen Doppelschraubendampfer, richtete neue Schiffslinien, u.a. nach Ostasien u. Australien, ein u. vergrößerte den Frachtverkehr. Maßgeblich war er an der Industrialisierung des Unterwesergebietes (Werftindustrie, Auto- u. Elektromotorenindustrie) wie auch an der Gründung deutscher Kolonien in Brasilien beteiligt.

Das Jugendstilgrab mit dem ➢Relief einer Kogge, als ➢Symbol der bremischen Schifffahrt, spielt mit floralen Motiven. Die ➢Säulen sind mit einem Flechtband verziert. ➢Jugendstil

❖ AA0030

Wilkens, Martin (* 10.2.1850 Bremen, † 3.1.1937 Hemelingen/

Bremen), Fabrikant. W. leitete die aus einer Goldschmiedewerkstatt seines Großvaters, Martin Heinrich W. (1782–1869), hervorgegangene Silberwaren- u. Besteckfabrik M. H. Wilkens & Söhne. Diese siedelte 1869 ganz nach Hemelingen um. Dort wirkte W. sowohl wohltätig als auch politisch, u.a. im Gemeindeausschuss. Die Firma genoss einen guten Ruf im In- u. Ausland, zumal sie sich künstlerisch am Deutschen Werkbund orientierte u. namhafte Künstler wie Heinrich Vogeler (1872–1942) beschäftigte. 1995 musste das traditionsreiche Unternehmen Konkurs anmelden u. ging an Zwilling (J. A. Henkels AG) über. Heute besteht M. H. Wilkens & Söhne als Silberwaren-Großhandlung.

Das ehemalige ➢Mausoleum wurde 1972 an das damalige Gartenbauamt zurückgegeben und beherbergt heute die Pumpenanlagen zur Gießwasserversorgung des Friedhofs.
❖ Z0005-0010

Zauleck, Paul (* 12.3.1849 Berlin, † 3.6.1917 ebd.), Pastor. 1875 übernahm Z. das Pfarramt an der Friedenskirche in Bremen. Dort wurde er zum Initiator des Kindergottesdienst-Schrifttums durch die Herausgabe von »Das Blatt. Für unsere Kinder«, das sich einen Abnehmerkreis in deutschsprachigen Gemeinden im In- u. Ausland verschaffte. Die dreibändige Ausgabe »Weihnachten im Kindergottesdienst« erschien ab 1912 beim Bertelsmann-Verlag in Gütersloh. Die publizistischen Projekte Z. führte nach seinem Tod dessen Sohn Johannes (1877–1942) weiter.
❖ X0094

Zentralfriedhof. Nach dem Vorbild des Wiener Z. sollte auch in Bremen zunächst ein Z. hinter dem Bürgerpark angelegt werden. Wegen der befürchteten zu engen Nachbarschaft von Lust u. Freude, Leid u. Trauer (Wilhelm ➢Benque) u. der weiten Wege entschied man, einen F. oberhalb (F.R.) u. einen unterhalb (F. Walle) der Stadt zu errichten.
➢Friedhofsgeschichte

Zippus ➢Pfeiler

Zwischen Himmel u. Erde ➢Friedhofskapelle

Heinrich Wiegand 1906, Direktor des Norddeutschen Lloyd

Wilkens Fabrikgebäude in Hemelingen

Das Grabmal von J.H. Bruns ist in Form einer Pyramide gestaltet. Die sich um die Urne windende und in den Schwanz beißende Schlange war als Symbol der ewigen Wiederkehr im Klassizismus sehr beliebt

JOHANN HEINRICH
BRUNS
9. APRIL 1868
27. JANUAR 1914
PRÄSES DER GEWERBEKAMMER
R.I.P.

WILBERG GEB.
17. 8. 1867.

Abkürzungen

AOK	Allgemeine Ortskrankenkasse
BEK	Bremische Evangelische Kirche
ca.	circa
CDU	Christlich Demokratische Union Deutschlands
CSU	Christlich-Soziale Union in Bayern
CVJM	Christlicher Verein junger Männer/Menschen
DDP	Deutsche Demokratische Partei
DGzRS	Deutsche Gesellschaft zur Rettung Schiffbrüchiger
DNVP	Deutschnationale Volkspartei
e.V.	eingetragener Verein
EADS	European Aeronautic Defence and Space Company
ebd.	ebenda
EKD	Evangelische Kirche in Deutschland
ev.	Evangelisch
F.	Friedhof
Fa.	Firma
F.R.	Friedhof Riensberg
ha	Hektar
Hl.	Heiliger
Jh.	Jahrhundert
LfD	Landesamt für Denkmalpflege Bremen
MdB	Mitglied des Bundestages
NDL	Norddeutscher Lloyd
NS	Nationalsozialismus
NSDAP	Nationalsozialistische Deutsche Arbeiterpartei
rd.	rund
SPD	Sozialdemokratische Partei Deutschlands
SS	Schutzstaffel der NSDAP
u.	und
u.a.	unter anderem
UEFA	Europäische Fußball-Union
USA	United States of America
USPD	Unabhängige Sozialdemokratische Partei Deutschlands
v.a.	vor allem
WK	Weltkrieg
zzt.	zur Zeit
z.T.	zum Teil

Links:
Eine besonders aufwändig gestaltete Jugendstilurne steht auf dem Grab der Familie Wilberg/Ebbeke (❖Y1007)

Literatur und Quellen (Auswahl)

Bremer Frauenmuseum e.V.: http://www.bremer-frauenmuseum.de

Denkmaldatenbank des Landesamts für Denkmalpflege, Bremen: http://194.95.254.61/denkmalpflege/index.htm

Domdey, Ute (1997): Riensberger Gräber erzählen. Aus dem Leben Bremer Frauen. Bremen.

Fitger, Arthur (1900): Die Friedhöfe und ihr künstlerischer Schmuck. In: Bremen und seine Bauten, Bremen, S. 581–594.

Kirsch, Rolf (1999): Krematorium auf dem Riensberger Friedhof. Gutachten zur Unter-Denkmalschutz-Stellung (maschschr. Manuskript).

Kirsch, Rolf (2010): Riensberger Friedhof. Gutachten zur Unter-Denkmalschutz-Stellung (maschschr. Manuskript).

Kirsch, Rolf (2011): Die Friedhöfe Riensberg und Osterholz. In: Skalecki, Georg (Hg.), Denkmalpflege in Bremen, Bremen, S. 50–57.

Koppel, Michael (2012): Horn-Lehe-Lexikon. Bremen.

Lührs, Wilhelm (1962): Bremische Biographie, 1912–1962. Bremen.

Meis, Mona Sabine (2002): Historische Grabdenkmäler der Wupperregion dokumentiert und analysiert vor dem Hintergrund der Entwicklung der Sepulkralkultur, Wuppertal.

Schaefer, Karl: Neues aus Bremen, in: Deutsche Kunst und Dekoration 24 (1909), S. 50.

Schaefer, Thomas (1998): Wer liegt wo? Prominente auf Bremer Friedhöfen. Bremen.

Schwarz, Klaus (1980): Die stadtbremischen Kirchhöfe von der Reformation bis zur Franzosenzeit (1813). Topographische Situation und Bestattungsüberlieferung. In: Bremisches Jahrbuch 58, S. 23–63.

Schwarzwälder, Harry (2002): Das Begräbniswesen in Bremen im 19. Jahrhundert, Bremen (handschr. Manuskript).

Schwarzwälder, Herbert (2003): Das große Bremen-Lexikon. 2 Bde. Bremen.

Sörries, Reiner, Diefenbach, Joachim (2002): Großes Lexikon der Bestattungs- und Friedhofskultur. Wörterbuch zur Sepulkralkultur. Frankfurt a. M.

Umweltbetrieb Bremen (2011): Friedhof Riensberg. Bremen.

Weibezahn, Ingrid (o.J.): Riensberger Friedhof, Landesamt für Denkmalpflege, Bremen (maschschr. Manuskript).

Allgemeine Informationen

Adresse und Anfahrt

Friedhofstraße 51
28213 Bremen
Tel.: 0421-3613022
www.umweltbetrieb-bremen.de
Straßenbahnlinien: 4,5,6

Friedhofseingänge

Friedhofstraße, Riensberger Straße, H.-H.-Meier-Allee, Heymelstraße
KFZ-Stellplätze: Haupteingang Friedhofstraße, Eingang H.-H.-Meier-Allee

Schließzeiten

Die Schließzeiten richten sich nach den Jahreszeiten.
Die aktuellen Zeiten sind der Homepage von Umweltbetrieb Bremen zu entnehmen: www.umweltbetrieb-bremen.de.

Toiletten

Öffentliche Toiletten befinden sich am Haupteingang Friedhofstraße

Friedhofsbüro

Tel.: 0421-3613022
Sitz der lokalen Verwaltung im Backsteingebäude am Haupteingang Friedhofstraße. Hier werden die Bestattungsabläufe gesteuert, die Gräberdatei geführt u. über Grabformen u. Gebühren beraten.

www.wo-sie-ruhen.de

WebApp über 37 historisch bedeutsame Friedhöfe in Deutschland. Hier sind Texte, Fotografien und Audiodateien zu 25 bedeutenden Personen und Gebäuden auf dem Friedhof Riensberg abrufbar.

Bildnachweis:
Arnd, Gisela: 24; Behrens, Verena, Gisela Menger (2014): Starke Frauen. Bremen: 115o; Berliner Leben (1904), Heft 08: 32u li; Bertele, Esther: 140; Bildarchiv Brodelpott, Bremen: 88u; Bremer Frauenmuseum e.V.: 130o, 155; Bremer Jahrbuch (2003): Bd. 82, S. 199: 114li; Bultmann, Horst (Bremer Rundfunkmuseum): 114r; Bundesarchiv Berlin: 29r (B145 Bild-F039719-0021/Schaack, Lothar/CC-BY-SA), 30u (Bild 146-2008-0320), 44o (Foto: Otto Haeckel), 146o (Bild 146-1971-070-73/Jesse/CC-BY-SA); Christiansen, Jörn (2000) (Hg.): Kunst u. Bürgerglanz in Bremen. Bremen: 97u, 118o; Der Elefant! e.v., Bremen: 20; Dressler, Fritz: 4, 12/13, 16, 18, 19, 25, 31, 33, 36li, 43, 50, 52/53, 70, 71r, 72, 73, 81, 85, 89, 90o, 99o, 103, 108, 109, 113, 117, 120/121, 127, 131, 134/135, 137, 144o, 148/149, 159, 162, 163; Engelbracht, Gerda: 45o; Falkenberg, Linda: 2, 40u, 61o, 130u, 145, 170/171; Faust, Alfred (Hg.) (1960): Geistiges Bremen. Bremen: 144 (mitte); Fechner, Eberhard (1988): Die Comedian Harmonists, S. 8/9: 66; Flughafen Bremen GmbH: 37o; Focke-Museum Bremen (1966): Keramik Dorothee Colberg-Tjadens. Bremen: 31u; Focke-Museum: 123u, 124, 147; Gerhard-Marcks-Stiftung, Bremen (Foto: Veronika Wiegartz): 142o; Grobe, Hannes: 125o; Gross, Detlev G. (Hg.) (2007): Pastoren in Bremen: 118u; Handbuch der Ingenieurwissenschaften (1903): 3. Teil, Der Wasserbau: 56u; Hauser, Andrea: 138; Howaldt, Jürgen: 102u, 169u; Illustrirte Zeitung 30.11.1878, Leipzig: 99u; Industrie- u. Filmmuseum Wolfen: 85u; Kreiszeitung 10.07.2012: 37u; Kunkel, Steffen: 10/11; Küster, Bernd (Hg.) (1930): Von der Volkskunst zur Moderne. Stade, S. 172-197: 136o; Landesamt für Denkmalpflege: 61u, 80, 86u, 151u, 152, 154u, 161, 165o; Löhr, Alfred (1981): Bremer Silber. Bremen: 98u; Magnussen, Karin (1991): Walter Magnussen 1869-1946. Bremen, S. 43: 112; Niehoff, Lydia (2005): 1855-2005, 150 Jahre Druckerei und Verlag H.M. Hauschild Bremen, Bremen, S. 102: 84o; Petermann, Christian (2006): Die Gebäude der Hochschule Bremerhaven. Bremerhaven: 147o; Peters, Dirk J. (Hg.) (2007), Der Norddeutsche Lloyd. Bremen: 32o; Privat: 92, 98o, 122, 126; Pusch, Frank: 71li; Ruge, Boris (2004): Zum Gedenken an Georg Ferdinand Duckwitz 1904-1973, S. 35: 36r; Schaefer, Karl (1909): Neues aus Bremen, in: Deutsche Kunst und Dekoration 24, S. 50: 8; Schwarz, Klaus (1980): Die stadtbremischen Kirchhöfe von der Reformation bis zur Franzosenzeit (1813). In: Bremisches Jahrbuch 58, S. 23-63, S. 39: 47; Schwarzwälder, Harry (2002): 35 (S. 1017), 42 (S. 1108), 68 (S. 1012); Staatsarchiv Bremen: 28 (Foto: Willy Dose), 41, 44u, 54u, 82o, 84u (Foto: Karl Edmund Schmidt), 82u, 86o, 96u, 101, 102o, 115 (unten, Foto: August Sporleder), 128 (Foto: Junker), 129u (Foto: Ernst Roepke), 133, 139 (Foto: Rudolph Stickelmann), 142 (unten, Foto: Nicola Perscheid), 151o, 153 (Foto: Junker), 164, 169o (Foto Erwin Raupp); Stadtteilarchiv Bürgerverein Horn-Lehe: 34, 143u; Sternebeck, Sigrid: 3, 14, 15, 17, 22, 23, 27, 29li, 30o, 32r, 38, 39, 43or, 48, 51, 54o, 55, 56o, 58li, 62, 64, 65, 67, 68o, 69, 74, 75, 76, 77, 79, 83, 87, 88o, 91, 93, 97, 107, 110, 111, 116 (unten li.), 119, 123o, 129, 136u, 143o, 150o, 156, 157, 158, 166, 167, 168u, 172. Strotmann, Peter (Schwachhausen-Archiv): 160; Umweltbetrieb Bremen: 59, 63, 132.

Umschlag:
Sigrid Sternebeck

Trotz größter Sorgfalt konnten die Urheber des Bildmaterials in einigen, wenigen Fällen nicht ermittelt werden. Es wird gegebenenfalls um Mitteilung gebeten.

1. Auflage 2016

ISBN 978-3-95494-079-0
www.edition-falkenberg.de